運動大百科

文｜**亞當·斯金納** ADAM SKINNER　　圖｜**馬克·龍** MARK LONG

翻譯｜**黃美瑤** 體育大學體育推廣學系專任教授兼系主任

葉怡矜 體育大學管理學院休閒產業經營學系副教授

張芳儀 專業文字工作者

目 錄

自從人類出現在地球上起，運動就跟著存在了。 無論是單打獨鬥，或是做為團隊的一部分，人們總是希望和別人較量，測試看看自己的能耐。

現在，有數百種運動可選擇，人人都能找到適合自己的項目。每項運動都獨一無二，要求各種不同的技能──有的可能需要速度和力量，有的則需要鬥智和毅力。不過，大部分的運動都有一個共通點：任何人都可以參與。

不管是何方神聖、在哪裡出身或有多少財產，在運動中可以說是人人平等。事實上，有些最知名的體育明星來自世界上最貧窮的地區。史上最偉大的足球員比利（Pelé），出生於巴西極為貧困的地區，但他在17歲時，就成為了世界盃冠軍。而地球上跑得最快的人──牙買加短跑選手尤塞恩・波特（Usain Bolt），從小住在不容易取得飲用水的落後地區，但他卻已經贏了8枚奧運金牌。就連殘疾也沒能阻止人們在運動中登峰造極──殘疾運動員遇到的困難超乎想像，因為他們無法倚靠天生的運動天賦。每一位運動員會花多年的時間，一心一意努力磨練他們的技藝，試圖達到巔峰。

這些努力不僅是為了贏得勝利，或成為最出色的運動員。運動能促進身體健康、建立團隊精神和紀律。運動也曾為我們帶來一些史上最令人難忘的時刻──例如一次世界大戰期間的聖誕節，敵對的軍人放下武器一起踢足球，以及2014年美國游泳運動員麥可・菲爾普斯（Michael Phelps）在31歲時贏得第23枚奧運金牌，創下驚人紀錄。

這本書是對運動的頌揚，也提醒著你可以去參與任何一項運動──參與才是最終的目標。無論哪一天看向窗外，你都會看到附近的公園裡到處有人在運動，沒有什麼可以阻止你加入這件樂事。

而且，誰知道呢？也許有一天你會舉起世界盃的獎杯，或者是贏得奧運金牌喔！

SPORTS
球類運動

足球 FOOTBALL

足球是世界上最熱門的運動項目。

它也被稱為「地表上最美麗」的運動,至少有200個國家、總計2億多人參與。

西元前2年左右,人們就開始踢足球,而現代比賽是1863年成立於英格蘭的足球協會(Football Association, FA)所創立。他們制定了比賽的基本規則,並創立英格蘭足球總會(English Football League),這個組織至今仍然非常活躍。

足球運動要求的是技術、肌力及體能,但任何人僅需要一顆球及一點空間,就能輕易進行這項運動,這也是它廣受歡迎的原因。

頂尖的足球聯盟隊伍,會在豪華的大型體育場館出賽;超級足球明星,更可能成為全世界收入最高的運動員之一。而許多傑出的足球選手,都是從小在街頭踢球,或是週日早晨在公園玩球開始練起。

足球比賽要獲勝的條件很簡單,就是——進球比對方多!球員可以用腳踢球或用頭頂球,只要能把球射進對方球門就能得分!

足球位置

守門員
職責:阻擋對方射門得分。
可以在禁區內用手及身體的各部位擋球。
技術:身手敏捷,反應迅速,
有極佳的撲救能力,不讓對方攻門得分。

防守位置
職責:阻擋對方得分。
技術:身強體壯,頂球佳、速度快。

中場位置
職責:須跑全場,具極佳防守與進攻能力。
技術:傳球、攔截、射門,或傳球給前鋒射門。

攻擊位置
職責:主要負責得分。
技術:射門、跑位、頂球、力量。

足球場

- 球門
- 球門區(小禁區)
- 罰球區(大禁區)
  防守方在禁區內犯規,
  會被判罰極刑——
  12碼罰球。
- 中線
- 中圈
- 中央點
- 球門線

＊「球門區與罰球區」又稱為「禁區」。
＊足球場的短邊稱為「底線」,長邊稱為「邊線」。

球門

以金屬材質制成,設置在球門線的中央,高約2.44公尺、寬約7.32公尺。

球出了底線

最後觸球的人若是攻方,則守方獲得球門球。若最後觸球的是守方,則攻方獲得角球。

場地

不是所有的足球場規格都一樣。通常足球場長度在90～120公尺間、寬度在45～90公尺間。

足球規則

● 每隊11名球員,10人在場中,1人為守門員。球員可以用腳或是用頭傳球,爭取得分。

● 當球越過球門線,並落在兩根直柱之間與橫梁下時,便得分。

● 只有守門員可以用手接觸足球(只限在禁區內)。

● 比賽共90分鐘,上下半場各為45分鐘。上半場結束,雙方互換場地。

● 比賽中若有人犯規,

以開自由球來重新開始比賽。例如若有球員在禁區外故意用手觸球,由對方踢直接自由球。而罰點球則是當防守球員在己方禁區內犯規時,就會判攻方罰點球。

● 發生越位違規時,裁判會判對方在越位發生地點罰自由球。

● 如果雙方在比賽中打成平手,有些比賽就會進入30分鐘延長賽。如果在這120分鐘內都無法分出勝負,就會進入超刺激的「PK戰」。

裁判

依照規則控制比賽,通常可以有2名(或4名)助理裁判協助。

黃牌及紅牌

當球員在比賽中犯規,會對犯規球員舉黃牌警告;嚴重犯規時更會被罰紅牌,球員必須離場,不能再參與比賽。2張黃牌則等同1張紅牌。哥倫比亞球員杰拉爾多·貝多亞(Gerardo Bedoya)擁有最高的紅牌紀錄——46張!

足球配備

足球釘鞋 可在草地上防滑。

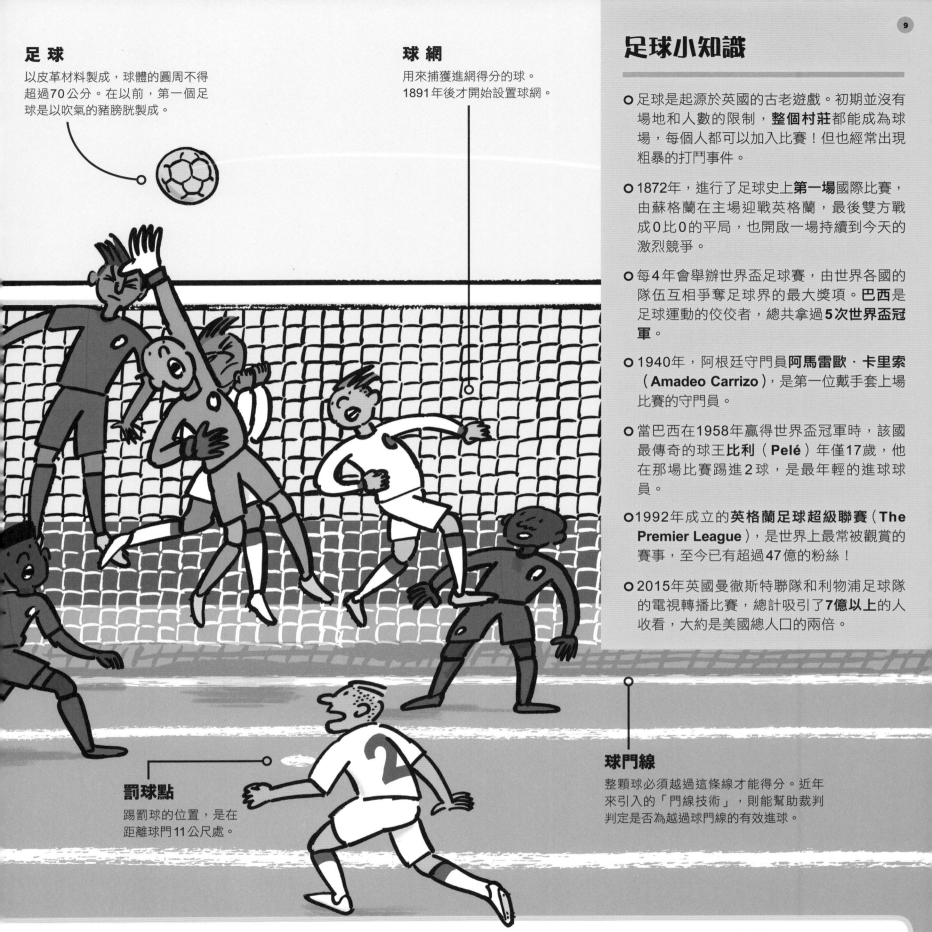

足球

以皮革材料製成，球體的圓周不得超過70公分。在以前，第一個足球是以吹氣的豬膀胱製成。

球網

用來捕獲進網得分的球。1891年後才開始設置球網。

足球小知識

○ 足球是起源於英國的古老遊戲。初期並沒有場地和人數的限制，**整個村莊**都能成為球場，每個人都可以加入比賽！但也經常出現粗暴的打鬥事件。

○ 1872年，進行了足球史上**第一場**國際比賽，由蘇格蘭在主場迎戰英格蘭，最後雙方戰成0比0的平局，也開啟一場持續到今天的激烈競爭。

○ 每4年會舉辦世界盃足球賽，由世界各國的隊伍互相爭奪足球界的最大獎項。**巴西**是足球運動的佼佼者，總共拿過**5次世界盃冠軍**。

○ 1940年，阿根廷守門員**阿馬雷歐·卡里索**（**Amadeo Carrizo**），是第一位戴手套上場比賽的守門員。

○ 當巴西在1958年贏得世界盃冠軍時，該國最傳奇的球王**比利**（**Pelé**）年僅17歲，他在那場比賽踢進2球，是最年輕的進球球員。

○ 1992年成立的**英格蘭足球超級聯賽**（**The Premier League**），是世界上最常被觀賞的賽事，至今已有超過**47億**的粉絲！

○ 2015年英國曼徹斯特聯隊和利物浦足球隊的電視轉播比賽，總計吸引了**7億以上**的人收看，大約是美國總人口的兩倍。

罰球點

踢罰球的位置，是在距離球門11公尺處。

球門線

整顆球必須越過這條線才能得分。近年來引入的「門線技術」，則能幫助裁判判定是否為越過球門線的有效進球。

護脛

所有的球員皆被要求穿戴護脛保護腳。

球衣

每一隊的球衣都有代表色，上面還有贊助廠商的標籤。

足球

過去用皮革製成，較易變得潮溼又沉重；現在用合成皮製成，可以維持球形，且反彈效果佳。

手套

可保護守門員，避免在抓球或擋球時受傷。

棒球 BASEBALL

棒球是美國職業運動中最古老的項目之一。

棒球的歷史可回溯至18世紀的英格蘭——可能是從「以棒擊球」的古老運動（bat and ball games）發展而來，像是板球、繞圈球或類似板球的古代球戲等。

美國制定了棒球規則與隊伍組織，也是世界上最早付薪水給球員和球隊，並將棒球發展成職業運動的國家。美國職業棒球大聯盟（MLB）則是全球最高水準的職業棒球賽事，影響力擴及世界各地，特別是在中南美洲和東亞地區。

棒球是一種團體運動，由人數最少為9人的兩支隊伍在扇形球場進行「擊球與跑位」的競賽。兩隊會輪流「擊球」（進攻）和「守備」（防守）。攻方擊球後會沿著四個壘位跑壘，守方則利用手套接住擊出的球，或擲回讓對方出局。這時候你就可以站起來為他們歡呼了！

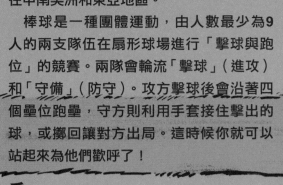

投手

投手會站在投手板上，大都以「肩上投球」的方式，將球投至18.4公尺外的本壘板。1946年，來自美國克里夫蘭印地安人隊的投手鮑伯·費勒（Bob Feller）締造了每小時173.6公里球速的世界紀錄。

全壘打

棒球比賽中最讓人興奮的，莫過於俗稱「紅不讓」（home run）的全壘打。全壘打的定義很簡單，球只要直接飛過全壘打牆——通常是飛到外野牆上，並且打者環繞四個壘包一圈即得1分。全壘打的優勢是當打者擊球後，若此時一壘、二壘、三壘上有跑者，都可跑回本壘得分，最多可得4分，又稱為「滿貫全壘打」。

球棒

職業棒球使用木製球棒，業餘棒球則可使用金屬球棒。

捕手

是棒球中最艱難的工作之一！捕手會蹲在本壘板後方，接住由投手投來的球，同時也擔任最直接的防禦工作。

棒球配備

守備手套

五指各自分開，手套做得比較深以方便接球，側邊的穿線可以打開，能讓積聚其中的土掉出來。

棒球帽

1860年代首次出現這種獨特風格的帽子。帽子的前沿可以阻擋太陽，保護球員的眼睛。

打擊頭盔

頭盔主要保護打擊手的頭部，1983年更推出可保護耳朵的頭盔。

球衣

各球隊會根據主場與客場，穿著不同的球衣。主場通常會穿白色，客場則穿深色球衣。而在棒球剛開始發展之時，則是以不同顏色的及膝長襪區分兩隊。

棒球小知識

○ 棒球最早的紀錄是在**1748年**於倫敦舉行的室內競賽，由當時英國王室的威爾斯親王（後來的愛德華七世，Edward VII）的家庭成員共同參與。

○ 英國古典小說家珍‧奧斯汀1798年出版的作品《諾桑格寺》是早期有描述棒球的文獻。女主角凱瑟琳‧莫蘭喜歡玩板球、棒球和騎馬，跟奧斯汀其他小說的女主角比起來實在不太淑女！

○ 在1872年前，投手都是採「低手拋傳」的方式投球。而現代棒球的規則，是由史上第一支有組織的棒球隊——來自紐約的**尼克博克俱樂部（Knickerbocker Clue）**制定。

○ 二次世界大戰期間，美國軍方就仿照棒球的大小與重量設計**手榴彈**。這是因為棒球廣受歡迎，他們相信所有美國年輕人都能像投棒球般正確投擲手榴彈。

○ 20世紀前半，非裔美國球員被禁止參加大聯盟比賽，他們因而組成「黑人聯盟」（**Negro League**）——通常在那裡可以找到世界上最好的球員。

○ 「世界大賽」（World Series）是美國職棒大聯盟每年10月舉行的總冠軍賽，也是美國與加拿大職業棒球最高等級的賽事。**紐約洋基隊**則是成績最佳的球隊，共有40次打進世界大賽，並贏得27次冠軍。

外野

外野就是內野以外的界內區域，分為左外野、中外野及右外野。外野手站在這裡，主要工作是接住「高飛球」，再把球傳至守在壘包的球員。

內野

棒球場的內野呈鑽石形或扇形，是在1845年由來自美國、有「棒球之父」美譽的亞歷山大‧卡特賴特（Alexander Cartwright）設計出來。

一壘手

一壘手守在一壘壘包附近的區域，大多是由體型高大的左撇子球員擔任，以便快速在內野接球、傳球。

球

棒球的直徑只有23公分，但球上的縫線卻可長達1.5公里！

總統開球

1910年，美國總統威廉‧霍華德‧塔夫脫（William Howard Taft）為大聯盟開幕賽投出第一球，從此成為延續百年以上的傳統。但在2017年，川普總統拒絕了開幕戰的開球邀約，打破了這項傳統。

棒球場

- 二壘
- 三壘
- 一壘
- 投手丘
- 界外線
  打擊者將球打出界外線，就稱為「界外球」。
- 打擊區／本壘
  打擊者會站在這裡，準備擊打投手投出的球。

棒球規則

● 正式球賽共有九局，每一局皆由上下半場組成。當有3名打者出局則結束該半場的比賽。上下半場均結束後則進入下一局。

● 九局結束若兩隊同分則進入延長賽，直至分出勝負。＊中華職棒、日本職棒及部分國際賽事僅打到十二局。

● 打擊者會盡力擊出安打、站上壘包，然後成為跑壘者。而下一棒將球擊出，壘包上的跑壘者會盡力跑向下一壘。當跑壘者回到本壘即得分。

● 如果打擊者打出全壘打，包括打擊者和壘包上的其他跑者，都可跑回本壘得分。

● 若投手投出3個好球，打擊者就會被「三振出局」。＊「好球」是指球進入「好球帶」但打者沒有揮棒、揮棒落空或打出界外球。

● 當投手投的球沒有通過好球帶，且打擊者沒有揮棒，記為1壞球。當投手投出4壞球，打擊者就可以保送一壘。

● 若防守的野手接到球後比跑壘者更快碰到壘包，跑壘者就得出局。

● 打擊者將球擊成高飛球，防守的野手在球未落地時接住，打擊者就會被「接殺出局」。

捕手手套

手套做得特別深，比其他守備手套的球擋更加寬廣強韌，以化解球的勁道。

投手手套

投手手套的球擋是密閉式的，以避免投手投球前的持球方式與方向被打擊者看見。

草地曲棍球 FIELD HOCKY

又稱為「曲棍球」，早在西元前510年，古希臘人就已開始在玩這項運動。

19世紀時，曲棍球在蘇格蘭被改造，逐漸發展成廣受歡迎的團隊運動。曲棍球也常被拿來與足球比較，有時候甚至還被稱為「有棍足球」（football with sticks）。

曲棍球賽由兩支、各11名球員組成的球隊進行競賽。他們會使用一端彎曲如勺狀的球棍，在球場周圍推球與運球，並試圖通過守門員來射門得分。當比賽結束時，進球最多的球隊則獲勝。

自1928年以來，曲棍球一直是奧運的注目焦點。到了現在，估計全球五大洲已有超過300萬人在玩曲棍球。

草地曲棍球位置

守門員
職責：阻止球進入球門！
技能：勇敢和快速應變。

防守位置
職責：分成中後衛或邊後衛，負責阻止對手攻擊並設置反擊。
技能：堅守崗位和強勁肌力。

中場位置
職責：負責連繫前鋒與後衛。
技能：全能者經常設定比賽的節奏。

攻擊位置
職責：進球！
技能：邊鋒通常速度飛快，擅長為其他中場球員創造更多的傳球選擇與得分機會。

簡化曲棍球

在蘇格蘭高地仍然流行傳統「以棍擊球」的遊戲，稱為「shinty」，意即「簡化曲棍球」。它的規則更接近愛爾蘭式曲棍球，球員可使用球棍的兩側擊球，也能在空中擊球——這兩項行為在正式的草地曲棍球比賽中都算犯規。

場地

長90公尺、寬55公尺，球員得在這麼大的場地中長距離奔跑。

右手限定

曲棍球不適合左撇子，因為這項運動只有適合右撇子的球棍可用。如果你是一個左撇子，想玩曲棍球的話可得好好想一想——球棍有兩面，選手只能用左側平面擊球，不能用右側弧形的那面擊球，所以左撇子並不適合用右手專用的球棍呀！

球棍

由木頭或碳纖維製成的勾形球棍，左側為平面，用以擊球。

曲棍球場

射門區域
球員必須在此區域內進行射門。

場地中線

短角球區
被罰短角球時對手會從這裡開球。

23米線

23米線

球
由堅硬的塑膠材質製成（中間可有軟木球芯），直徑很小只有7公分，卻重達155公克，讓它得以在球場上快速移動。

守門員
曲棍球的球速高達每小時100公里，因此守門員會穿著護具來保護自己的頭、臉、胸部和腳。

罰球點
罰球會從這裡開始。

個人處罰

曲棍球裁判手持三種顏色的牌子，代表不同程度的處罰。

綠牌：警告。

黃牌：犯規隊員被罰暫離出場至少5分鐘。

紅牌：隊員不得再登場比賽。

草地曲棍球小知識

○ 類似草地曲棍球的「以棍擊球」比賽，在許多古文明中都曾出現過。較為近代的版本則出現在19世紀的蘇格蘭，從那時開始流行起一種名為「shinty」的簡化曲棍球！

○ 曲棍球源起於大英帝國時期的軍隊，爾後傳播到整個英國的殖民地，因此在**印度、巴基斯坦和澳大利亞**非常受歡迎。

○ 印度的男子草地曲棍球隊在歷屆奧運中贏得了**8面**奧運金牌，勝率至少比其他國家高出四倍。

○ 曲棍球有四種主要位置，球員的平均傳球速度可達**每小時80～110公里**。

○ 男子曲棍球的揮桿速度極快，通常可達**每小時160公里以上**，這比高爾夫球員的揮桿或棒球選手揮棒速度還要快！

○ 曲棍球選手體格非常健壯，通常在一場比賽中他們得快速移動超過**8公里**的距離！

○ 曲棍球是繼足球和板球之後，全球**第三多觀眾**的運動項目。

○ **左撇子**怎麼辦？很抱歉，沒有左手曲棍球這樣的東西。左撇子選手必須學會使用右撇子用的球棍才能參與這項運動。

草地曲棍球規則

● 每場比賽共70分鐘，分成上下半場，每場35分鐘。

● 必須在射門區內射門才算得分，這意味著不允許進行遠射。

● 守門員是唯一一個可以用手觸球的人。

● 對於各種犯規行為，像刻意阻礙或使用球棍進行危險行為，都會被判罰。在球門區周圍的犯規行為，會被判罰點球或「短角球」。

● 對於在射門區域內的重大犯規行為，進攻球員可從犯規點對守門員進行一對一的任意球罰球。

● 比賽中大部分的得分機會都來自「短角球」。

● 與其他團體運動項目很不一樣的是——曲棍球選手不能用身體護球。

● 若是防守方無意間碰觸球，讓球越出己方的球門線外，則會被判罰「長角球」。

籃球 BASKETBALL

籃球是一種很適合初學者的運動，在全球各地廣受歡迎，光是美國就有超過2500萬名的籃球人口。

籃球擁有大量的粉絲，是種節奏非常快的團隊運動。比賽時，兩隊會各派出5名隊員至長方形籃球場中，以傳、投、拍、滾或運球等方式，想盡辦法將球投入對方球籃得分。比賽過程總是驚心動魄，兩隊比分更經常突破百分以上，令人看得大呼過癮。

籃球是在1891年由加拿大籍的美國體育教師詹姆斯‧奈史密斯（James Naismith）發明的。當時他想發明一項室內運動，能讓學生在冬天的惡劣天候也能進行，不會因為無法參加體育運動而感到無聊。

雖然奈史密斯建立了籃球的基本規則，但隨著時間推移，比賽變得越來越複雜，對於球員的速度和體力要求也越來越高。

籃球規則

- 每隊會有5名隊員先發，並有7名替補球員，可在比賽進行中隨時輪替。

- 球員會以「邊拍邊移動」的方式在球場上運球。若球員帶著球跑卻沒有運球，稱為「走步」，是籃球比賽中的一種違例。

- 籃球比賽為四節制比賽，一般每節為10分鐘，而NBA一節則為12分鐘。比賽時若雙方平手，就會進行加時賽，每節加時賽有5分鐘。

- 當球員於前場獲得控球權，該隊必須在24秒內設法投籃。若未在進攻時間內得分，則須交換球權。

- 將球從後場運至前場時，該隊球員便不能再將球運回後場。

- 不同情況、不同距離下投進籃框，得到的分數也不同。

籃球場

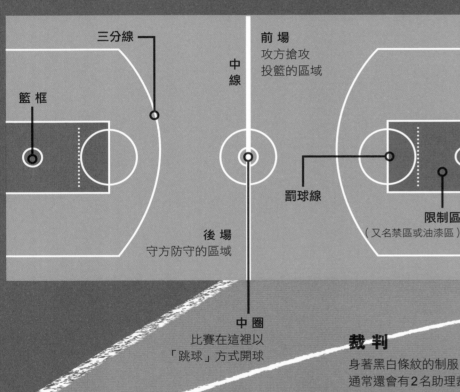

- 三分線
- 籃框
- 中線
- 前場　攻方搶攻投籃的區域
- 罰球線
- 限制區（又名禁區或油漆區）
- 後場　守方防守的區域
- 中圈　比賽在這裡以「跳球」方式開球

裁判
身著黑白條紋的制服，通常還會有2名助理裁判協助。

輪椅籃球

主要由殘障運動員參加。這項運動非常強調手臂與上半身的力量，選手還得具備無懈可擊的投籃技術。輪椅籃球就跟一般的籃球賽一樣競爭激烈，所以也非常受歡迎，甚至有非殘障的球員來參與。

灌籃

灌籃時，球員會高高躍起並使勁把球塞入籃框內，這是一種能讓全場觀眾興奮沸騰的技術。

籃板

球員投籃時，會利用籃板將球反彈進入籃框得分。由於籃框過去都被設置在觀眾席前，所以才發明籃板以阻止觀眾干擾投球！

籃框

籃框離地距離是3.05公尺。美國哈林籃球隊員科瑞・勞爾（Corey 'Thunder' Law）曾以33.5公尺創下最遠進籃紀錄。

籃球

標準男子比賽用球周長約75～76公分，女子比賽用球則小一些。籃球最早出現時是棕色的，現在則多為橘紅色。

籃球場

籃球場有不同的大小。而美國國家籃球協會（NBA）的標準球場，長約29公尺、寬約15公尺，是早期籃球場的兩倍！

罰球線

罰球線距離籃框4.6公尺，從這裡進行各種犯規行為的罰球，進籃時可得1分。

三分線

從三分線外投籃成功可得3分；從三分線內投籃成功則得2分。

籃球小知識

- 早期籃框是**裝水果的籃子**，每投中一次，球便留在籃子裡，必須有人拿梯子爬上去把球拿下來才能繼續比賽，所以後來才把籃底拿掉！

- 過去曾經使用足球做為籃球的比賽用球，但足球的設計不易運球，直到1950年後改變比賽用球後，**運球**才成為籃球比賽的關鍵。

- 在1897年前，籃球比賽的上場隊員為9人，這是受到**棒球**也有9名球員上場的影響。

- 籃球上場球員減至5人，跟**美式足球**有關。美式足球曾由10名球員組成一隊（現在是11名），他們在下雨時會打籃球來健身，為了方便分組，直接對半5人為一組。

- 很多籃球運動員都非常**高大**。最高長人為前球星喬治・穆瑞森（Gheorghe Muresan）和馬努特・波爾（Manute Bol），兩人身高都達231公分。

- **波士頓塞爾提克隊**贏得了17次美國職業籃球聯賽冠軍，是NBA球隊中贏得最多次冠軍的隊伍。

- 國家女子籃球協會（**WNBA**），是美國NBA主辦的職業女子籃球聯賽，第一屆聯賽在1997年舉行。

美式足球 AMERICAN FOOTBALL

美式足球是美國最受歡迎的運動，結合速度、戰略、團隊合作和激烈的衝撞！

顧名思義，美式足球源起於美國，一開始它深受英式橄欖球和足球影響，並有明顯的相似處。但在1880年，被譽為「美式足球之父」的耶魯大學教練沃爾特・坎普（Walter Camp）為美式足球制訂了複雜的規則，從此讓它成為獨一無二的運動。

史上第一場美式足球比賽，則是1869年於紐澤西州舉行的校際競賽，由普林斯頓大學對上羅格斯大學。直至今日，在國家美式足球聯盟（NFL）的例行賽季中，仍可看到坎普教練為這項運動定下的基礎。

美式足球的目標是將球推進至對手底線區內，或把球踢進球門內來得分。兩隊各由11名球員組成，他們會傳球給隊友，並持著橄欖形的球朝對手底線區推進，直到被攔截下來……

美式足球規則

● 比賽時，兩隊會分別派出11位球員上場比賽。一場標準的比賽會進行四節，每節15分鐘。

● 攻方有4次進攻機會，每次機會則稱為一個「檔」（down）。隊員可持球向前衝或傳球給隊友，向守方的底線區推進10碼。

● 在4次的進攻中，攻方若能累積推進10碼以上，就能再獲得4次的進攻機會。

● 但若是攻方在四檔中仍無法推進10碼，就必須交出進攻權給對方。此時通常會在

第四檔採取「棄踢」（punt）策略，讓對方必須從較遠離己方底線處開始進攻。

● 每一「檔」的進攻，是從一條假想的「攻防線」開始，可將攻守兩隊分開。

● 每次進攻都採用相同的發球方式：中鋒以丟或傳的方式，將球往後傳給隊友——通常是傳給四分衛。接著再遞球或傳球給其他隊友，讓他們持球往前衝。

● 當隊員出現越位、干擾接球等犯規行為，該隊就會受到處罰。

球

由牛皮或橡膠皮製成，球形是橄欖形，長約28公分，一邊則有繫帶縫線。

裁判

美式足球比賽有7名裁判執法，他們會在球場上投擲黃旗以示犯規。

分碼線

球場上的白色標記線，可以幫助球員、裁判和球迷追蹤球的行進距離。

比賽場地

比賽是在一個長110公尺、寬48.5公尺的球場上進行。

超級盃

超級盃是國家美式足球聯盟（NFL）的年度冠軍賽，由戰績最佳的兩隊爭奪「世界冠軍」，通常是在星期天舉行。

超級盃的比賽轉播，是全美收視率最高的電視節目，估計可吸引全美超過1億名觀眾收看。在轉播中插入的廣告更是天價收費，每30秒的廣告費用就高達新臺幣1億5000萬元。

底線區（得分區）

底線區是達陣得分的區域，寬9.1公尺。

達陣得分

當球員持球跑進對方端區，或在對方端區接到傳球，稱為「達陣」（touch down），進攻方可得6分。傳奇球員培頓・曼寧（Peyton Manning）在2013年投擲55次達陣，打破了單季達陣得分紀錄。

球員位置

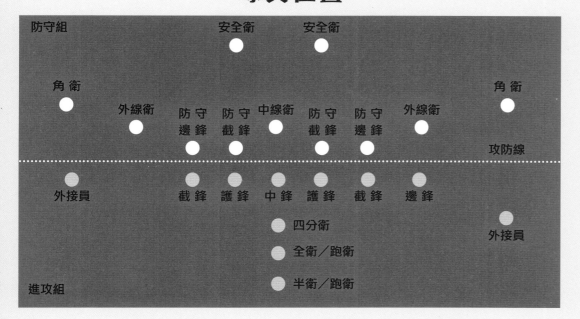

防守組

安全衛　　安全衛

角衛　　　　　　　　　　　　　　　　　　　　角衛

　　　外線衛　　防守　防守　中線衛　防守　防守　外線衛
　　　　　　　　邊鋒　截鋒　　　　截鋒　邊鋒

攻防線

外接員　　　　截鋒　護鋒　中鋒　護鋒　截鋒　邊鋒

　　　　　　　　　　　　　四分衛

　　　　　　　　　　　　　　　　　　　外接員

　　　　　　　　　　　　　全衛／跑衛

進攻組　　　　　　　　　　半衛／跑衛

美式足球小知識

- 美式足球常被暱稱為「**烤盤足球**」或「**烤盤**」，這是因為球場上的標示線讓球場看起來很像烤肉用的燒烤架。

- 比賽長達約3個小時，但真正玩球的時間通常只有 **11分鐘**！

- 知名球員迪昂・山德斯（Deion Sanders）同時專精棒球與美式足球，是有史以來唯一在**單週內**同時擊出全壘打並達陣得分的球員。

- 二次世界大戰期間，國家美式足球聯盟（NFL）大部分球員都被徵召服役，所以在1943年的球季，費城老鷹隊和匹茲堡鋼人隊不得不合併成為「**賓州鋼鐵鷹**」隊。

- 雖然比賽時只有11名球員上場，但是球隊通常是由約**50名球員**組成，表現不佳時就可以換人。

- 球隊會針對特別的位置配備球員，像**踢球員**通常只負責射門或凌空踢球交回球權。

射門加分

攻方達陣後再把球踢進球門，
可以再多得1分，
而在比賽中射門則得3分。

球門柱

兩端底線區會各架設一座球門柱，球必須越過橫桿並穿過兩根直柱的中間，才能算是射門得分。

美式足球配備

護齒器

用來保護球員的牙齒和下顎，這是球員面臨大量衝撞攔截時的必要配備。

頭盔

在1939年開始引進，以堅硬的塑膠製成，並含一條下巴固定帶和保護面罩。

護肩

有堅硬的外殼，內有一層可吸收撞擊力的軟性高密度泡棉。

鞋子

鞋底有鞋釘，可防滑並增加抓地力。

橄欖球 RUGBY

橄欖球是一項激烈的全身接觸運動。

有數種不同的玩法，而「聯合式橄欖球」（Rugby Union）最受歡迎。傳統的「聯合式橄欖球」，比賽時兩隊會各派15名球員上場，持著一顆楕圓形的橄欖球，衝到對方球門線後方的得分區，以球觸地得分（try，相當於美式足球的達陣得分），也可以將球踢過對手的球門來得分。

據說橄欖球是由一名就讀英國拉格比公學（Rugby School）的學生威廉・韋伯・埃利斯（William Webb Ellis）發明的。1823年，他在一場足球比賽因為踢球失誤感到懊惱，便抱起球衝向對方球門。雖然這個故事被普遍懷疑是杜撰的，但仍像是民間故事般廣為流傳，世界盃聯盟式橄欖球賽（Rugby World Cup）的命名也與他有關呢！

都與拉格比有關

這項運動是以傳說中的發明人——威廉・韋伯・埃利斯就讀的拉格比公學（Rugby School）命名。但橄欖球的比賽規則是在1839年後才逐步確立的，那一年來自豪斯學院的學生來拉格比進行友誼賽，從此橄欖球也開始在其他學校流行了起來。

列陣爭球 SCRUM

俗稱「鬥牛」，當比賽出現輕微違例而無法繼續進行，會以「列陣爭球」方式重新開始比賽。雙方會各派出8名前鋒球員分別結成3排，以肩背呈水平方式與隊友連結繫緊，再與對手相互推擠爭奪腳下的球。

比賽場地

比賽場地可長達100公尺、寬約70公尺。

橄欖球位置

殿 衛
是最後防線，負責接住對方長距離的高飛球。

邊 鋒
運用體型和速度擒抱對方，阻止進攻並贏得持球權。

中 鋒
是攻擊的主力，具備速度、眼力及敏捷反應，以突破防守觸地得分。

接 鋒
發起後衛攻勢的主力，具備高超的踢球技巧，是踢罰球的不二人選。

傳 鋒
是前鋒與後衛的溝通橋樑，適合眼明手快者擔任。

8 號前鋒
當兩隊列陣爭球（俗稱「鬥牛」，scrum）時位於正後方，須具備強大的持球技巧。

翼 鋒
高速的快跑者，須運用速度跑贏敵隊得分。

閉鎖前鋒
列陣爭球時位於第二排，負責增加推力及爭邊球。

勾球前鋒
列陣爭球時位於第一排，負責發號司令。

正前鋒
鬥牛時位於第一排，是負責一線攻擊的主角，須具備強大的爭鬥力。

橄欖球規則

● 比賽共80分鐘，分為上下半場各40分鐘。

● 持球員可以帶著球跑，也可以踢球或傳球給隊友。但傳球時不能往前傳，只能往側方或後方傳球。

● 比賽時球員們會以擒抱（tackle）方式，阻止對方持球者帶球前進並奪回控球權。

● 當攻方球員持球或把球踢進守方得分區（極陣），將球觸地（try）可得5分。

● 當球員觸地得分後，該隊可獲1次射門機會，射門成功可得2分。

● 當球出界，會以爭邊球（lineout）的方式讓比賽重新開始。

● 得到罰球機會時，該隊球員可以選擇射門，成功可得3分，或是選擇將球踢出界，獲得爭邊球的投進權。

聯盟式橄欖球

橄欖球類運動有多種版本，其一版本「聯盟式橄欖球」（Rugby League）也相當受到歡迎，特別是在英格蘭北部和澳洲。

聯盟式橄欖球的不同之處在於：
● 每隊包含13名球員和10名候補球員。
● 每隊有6次的進攻機會，可爭取帶球觸地得分，但若在得分前被阻截6次，持球權就改換對方，而對方也有6次的機會爭取得分。
● 帶球觸地可得4分而非5分，附加得分則為2分。

橄欖球場與球員位置

死球線

得分（極陣）

前 鋒

1&3: 前 鋒
2: 勾球前鋒
4&5: 閉鎖前鋒
6&7: 翼 鋒
8: 8號前鋒

後 衛

9: 傳 鋒
10: 接 鋒
11&14: 邊 鋒
12&13: 中 鋒
15: 殿 衛

球門線／陣線
球必須穿越橫桿之上與兩根直柱之間，才算是成功的射門。

得分線
持球衝至這條線後方才能觸地得分。

警告牌
被裁判出示黃牌的球員，會遭暫時驅逐出場，必須待在受罰席（sin bin），10分鐘後才能再度進場。但若被判罰紅牌，選手就得立即離場並遭停賽處分。

橄欖球
呈橢圓形，由皮革製成，球形很適合抱著奔跑。

橄欖球小知識

○ 最早的橄欖球並不是橢圓形的。它一開始是用晒乾吹脹的**豬膀胱**，做成李子形狀的球。

○ 以前的球是靠**人工吹氣**，如果豬生病了，人也可能跟著生病。19世紀中期，發明現代橄欖球的理查·林登（Richard Lindon），因為太太感染豬膀胱裡的病毒過世，促使他開始研究以其他材質取代豬膀胱。

○ 1906年，來自南非隊的球員傑拉爾德·漢米爾頓（Gerald Hamilton），在一場與英格蘭的比賽中，從71公尺處射門得分，至今仍是**最遠**的射門成功紀錄。

○ 雖然現在每次「觸地得分」就能得到5分，但在早期，持球觸地是沒有分數的，攻方隊員只有透過**射門**才能得分。

○ **「聯合式橄欖球」**曾在1924年成為奧運的正式項目，當時由美國隊贏得冠軍。

○ 現在的奧運是以每隊7人上場的「**七人制橄欖球**」作為正式項目。

○ 橄欖球過去是業餘運動，直到**1995年**後才轉為職業聯賽。

○ 職業橄欖球隊的「一軍」球員，平均年薪是**新臺幣287萬元**。

○ 現在世界盃橄欖球賽開賽用的哨子，與1905年英格蘭隊對上紐西蘭隊時用的是同一個！

排球 VOLLEYBALL

世界上大部分的國家都很喜歡玩排球！

排球最初被稱為「小網子」(mintonette)。歷史上首度的排球比賽可追溯至1895年，當時美國麻省霍利奧克基督教青年會YMCA的體育主任威廉·摩根（William G. Morgan）試著整合籃球、棒球、網球和手球等四項運動，創造出新型態的運動項目，那就是我們現在熟知的排球！

摩根在他所工作的基督教青年會YMCA發現——相對於籃球，排球對體能沒那麼好的運動員來說，是一種較為簡單的替代項目。但今天許多排球選手可能不會同意摩根的想法，因為他們一個扣球的時速可能就超過120公里，比許多國家的行車速限還要快！

排球是在1964年的東京奧運，才首度成為正式項目。而過去立下的許多基本規則至今仍在使用，像是比賽時兩隊會分別派出6名球員上場，運用手或手臂擊球；如果球能通過球網上方且沒被對手接到，最後又順利落在對方球場內或壓線，就能贏得1分。

排球規則

- 每一隊會派6名球員上場。

- 同一名球員不得連續觸球2次。同隊擊球最多3次，第3次要過網。前2次的擊球，通常是為了攻擊做準備。

- 第3次的「扣球」（Spike）攻擊，球員會先躍起、用力擊球過網——這一擊通常具備強大的爆發力，也是得分關鍵。

- 防守方會試圖攔網，截斷攻勢將球回擊。

- 如果防守方沒接到球、使球落地，則發球方得1分。但若是發球方發球不過網，則防守方得1分且得到發球權。

- 得分球隊可得到下一次的發球權。

- 先得25分且領先對手2分以上的球隊，此局勝出。

- 排球比賽通常採用五局三勝制。第五局為決勝局。決勝局中，先達15分的球隊為勝方。

沙灘上的排球之星

「沙灘排球」是由排球演變而來。這項運動會使用較小型且位於沙灘上的球場；比賽時，兩隊會各派出2名球員上場，不像正規排球賽兩隊得各出6名球員對決。

沙灘排球是在1996年美國的亞特蘭大奧運被列入正式比賽項目，此後就廣受大眾歡迎。在世界上的某些地區，最著名的排球明星甚至會選擇去打沙灘排球而不是正規排球！

服裝

女排選手會穿著T恤和緊身短褲，男排選手則會穿著無袖上衣及及膝短褲。至於沙灘排球，僅在奧運比賽中規定選手不能穿太多衣服上場。

主審

又稱「第一裁判」，會站在高高的裁判椅上管控全場，並對比賽的判決有最終決定權。

發球

發球員必須站在球場的端線（發球線）後方發球。

排球場

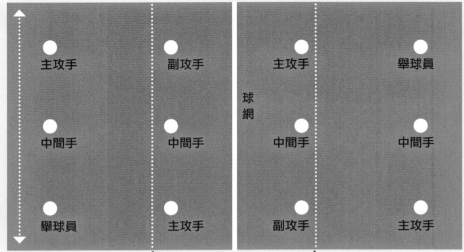

主攻手	副攻手	主攻手	舉球員
中間手	中間手	中間手	中間手
舉球員	主攻手	副攻手	主攻手

球網

發球區

攻擊區

排球

排球內部的球膽，是以橡膠或類似材質製成；外殼則由有18～20片柔軟的皮革製成。

球網

球網掛在球場的中線上方，男排網高2.43公尺、女排網高2.24公尺。

排球小知識

○ 球員可以用身體的**任何部位**擊球。

○ 在排球比賽中，1名球員平均每場比賽**跳躍300次**！

○ 在1999年之前，規定只有擁有**發球權**的隊伍能得分，如果另一隊贏了這一球也不會得分，只能拿到發球權。

○ 這項規定讓排球比賽總是拖得很長，可持續數小時之久。所以在1999年改變規則──不管隊伍**有沒有發球權**都有機會得分，比賽時間因而縮短，也讓轉播球賽變得更為精采刺激。

○ 每次發球得分時，球員就會在球場上「**輪轉**」，也就是說所有球員都有機會輪流站上每一個位置。

○ 菜鳥排球選手每個球季的薪水是約為新臺幣28萬5000元，遠少於其他職業運動員，世界上最優秀的排球選手年薪則將近**新臺幣410萬元**。

排球術語

救球（dig）：本意為「挖掘」，引申為「救球」，意指接住對手的扣球攻擊，沒有讓對方得分。

怪異的起跳（goofy）：源起於迪士尼經典動畫人物「高飛」，意指球員攻擊時用錯腳起跳，所以看起來很怪異。

單手攔網（kong）：源起於電影〈金剛〉主角以單手擊下雙翼飛機。當球員以單手攔網時，通常是為了回應對手猝不及防的攻擊。

飛撲救球（pancake）：本意「煎餅」，引申為一種手掌貼地，使球從手背上反彈的防守技巧。

自由球員

自由球員是專職防守的球員，每隊場內僅有1名。

位置：後排

專長：防守、傳接球，可針對攻方的扣球攻勢成功救球。

技能：閃電般的速度、反應敏捷，能反守為攻。

引進時間：1998年

邊線

球必須落在界內或寬達5公分邊線上，否則就會被判定為「出界」。

籃網球 NETBALL

籃網球是極具競爭性的團隊運動，比賽過程中嚴禁妨礙比賽進行的身體接觸。

籃網球是一項以女性為主的運動項目，主要是根據早期的籃球發展而來，但這兩個運動具有兩項非常不一樣的地方——籃網球上場球員有7名而非5名；也不允許球員像打籃球般邊跑邊運球，只能在球場內將球傳給其他隊員。

籃網球的計分方式，是將球投入籃框裡得分。由於球員只能在球場上的指定位置移動，所以團隊合作和強大的傳球技巧極其重要。

球

球是以皮革、橡膠或類似材質製成，重量約450公克。

球柱

攻方將球投進籃框時可得1分，球框則離地面3.05公尺。

守門員

守門員會盡力阻止對手得分。

後衛

負責防守、爭取球權及投籃得分。

中鋒

多面向的串連防守和進攻。

翼鋒

翼鋒會將球傳給攻擊手與射球手助攻得分。

射球手

射球手的目標就是得分，需要在球場上擁有最穩定的技能。

攻擊手

發動攻勢以求得分，並將球傳給射球手助攻得分。

步法

球員可以利用觸地腳轉動身體，或在接球後邁出一步。

翼衛

翼衛試圖從對方翼鋒的進攻中攔截球。

籃網球小知識

○ 雖然籃網球是由英國人發明的，但它紐西蘭最受歡迎，有將近8萬人在玩項運動。

○ 籃網球的室內競賽必須在天花板高度少8公尺的球場舉行。

○ 經過多年遊説後，籃網球終於在1995成為奧運項目，不過至今仍然沒有真在奧運中進行比賽。

○ 世界盃籃網球錦標賽每四年會舉行次，首屆比賽是在1963年於英國的濱小鎮伊斯特本舉行。澳洲共贏得11冠軍，創下紀錄。

○ 籃網球的球員制服會繡上縮寫字母，代表他們各自的位置。

籃網球規則

● 比賽共分四節進行，每15分鐘為一節。

● 每個球員的職責決定了他們在球場上的移動範圍。只有攻擊手、射球手進球才算得分。

● 只有在得分圈內投籃成功才算為有效得分。每次球成功穿越籃框時能獲得1分。

● 球員接球或轉身接球後，只能再邁出一步，且必須在3秒內投籃或傳球。

● 防守方必須與持球進攻的球員保持0.9公尺的距離。

籃網球場

球場長30.5公尺、寬15.25公尺，呈長方形，且平均劃分成中場及兩個射門區等三區。傳球時，球不可直接橫越一整個場區，必須先讓該場區內其他球員觸球或接球，才能傳到另一個場區（意即傳球不能越過兩條線）。

手球 HANDBALL

手球結合了足球、籃球和水球的技巧。

兩隊各由7名球員組成——1名守門員和6名場上球員，他們會用雙手移動球，並試圖將球投入對方的球門來進球得分。

手球運動起源於19世紀後期的北歐。然而，也有些人認為最早玩手球的人是古羅馬的女性。

中鋒

也稱中樞、底線。

位置：站在背對對方球門的地方。

專長：試圖介入防守者間並為射門創造機會。

技能：體能過人，善於攻擊。

手球小知識

○ 手球比賽通常在室內場地進行。但是近年來「沙灘手球」非常受到歡迎，可以在小很多的場地上進行比賽。

○ 教練和球員都可以有**2分鐘**的暫停時間，球員也可以使用教練的暫停權限。

○ 第一次國際性的手球比賽是在1925年舉行，由德國隊對上比利時隊。

○ 一般公認手球是世界上**第二快**的團隊運動，最快速的則是冰球。

○ 1969年，參與**阿波羅10號**繞行月球任務的美國太空人，個個都是手球運動的愛好者。

球

男子用手球和女子用手球的大小、重量和軟硬度不一樣。男子手球直徑是19公分、重量是425～475公克；女子手球直徑是18公分，重量則在325～400公克。

球 門

高2公尺、寬3公尺。

裁 判

每場比賽由2名裁判負責，分別站在對角線的兩端，可以各自觀察球場兩邊。

得分區域

只有守門員能站在這個區域。

球 場

手球比賽的場地比籃網球的場地還大，長40公尺、寬20公尺。

手球規則

● 一場標準的手球比賽共60分鐘，分上下半場各30分鐘。

● 球須從球門區域外射入才算得分。

● 持球時可用拍球方式運球，且最多只能走三步。持球卻沒有運球則不得超過3秒。

● 判罰自由球是因控球出現輕微違規，對手可在發生犯規處擲自由球重啟比賽。

● 當守方以不當攔截使攻方失去控球權或身體平衡，裁判會判罰「7公尺球」。罰7公尺球時，擲球球員可選距離球門7公尺的最佳射門位置，如果沒有意外皆能得分。

袋棍球 LACROSSE

又名長曲棍球、曲棍網球、棍網球，是地表上節奏和球速最快的運動。

袋棍球是一項身體接觸的團隊運動，展現令人難以置信的技巧和蠻力。這項運動最早發源於西元1100年美洲的原住民，早期的比賽規模盛大，因為每隊都有數百名部落人士參賽。如今這項運動在美國和加拿大的大學中廣受歡迎，球迷也在全世界持續增加。

球員會用一根頂端有網狀袋子的球桿，控制一顆小小的橡皮球，並試圖通過對方的守門員進球得分，而防守者則會極力阻止對手進球。

比賽分成男子組和女子組，男子比賽則更為粗暴，常出現肢體衝撞，甚至持球桿相互揮擊的景象。球員必須非常強壯，才能應付比賽時所需的高體能與大量奔跑。

袋棍球規則

● 每隊派出10人應戰，分別是3名進攻球員、3名中場、4名防守球員（包括守門員）。

● 男子袋棍球比賽通常分為四局，每局15分鐘；女子比賽分為兩局，每局30分鐘。而高中和大學的聯賽規則則不太一樣。

● 比賽從雙方對峙爭球開始。兩隊會各派出1名球員，球則放在這兩名球員的中間。裁判鳴笛後，雙方就會開始爭球。

● 當攻方球員在距離防守球員不到4.5公尺處時，允許防守球員對攻方球員進行身體衝撞，但只能衝撞腰部到肩部間的位置。

● 只要把球射進對手的龍門內就能得分，進球較多的一隊則可得勝。結束時，若雙方分數一樣，會進行15分鐘的加時賽。只要任一隊在加時賽先進球就可獲勝。但若兩隊在加時賽都沒有得分，則會判平局。

球

球小而堅硬，投擲速度可超過每小時100公里，所以球員必須戴護目鏡保護眼睛。

進攻半場

3名進攻球員只能待在進攻半場。

袋棍球配備

手套
可以保護雙手和腕部，避免因被球打到或身體碰撞而受傷。球員可以將手掌的部分挖空，可增加握力並靈活的控制球棍。

頭盔
能幫助球員保護頭部。頭盔在男子比賽中是強制使用，但是在女子比賽中則可用可不用。

袋棍球桿
可用來控制球，通常是一根中空的金屬棍，尾端有一個小網子稱為「網袋」，可用來攜帶和攔截球。一般球員手持的球桿長1公尺，但每隊另有4名隊員可配置更長的球桿（1.3～1.8公尺）。

袋棍球小知識

○ 美洲原住民**易洛魁族**（Iroquois）是其一最早玩袋棍球的人，他們居住在美洲東北部的海岸，直至今日，袋棍球在那裡仍然極受歡迎。事實上，以前的美洲原住民部落是運用袋棍球賽來讓年輕人為**戰爭**預作準備。

○ 1763年，一個名為**歐及布威族**（Ojibwe）的美洲原住民部落上演了一場袋棍球比賽，以分散英國士兵的注意力。當時這些英國士兵佔領了要塞米齊利馬克納克堡，這個聲東擊西的策略使得該部落成功攻進堡壘。

○ 袋棍球有**2次**被列為正式的奧運項目，分別是1904年和1908年，而且只有男子比賽。

○ 1930年，加拿大人發明了**「室內袋棍球」**，每隊派出6名球員出場，使用冰上曲棍球的球場比賽。

○ 從1999年開始，最好的球員會在「**美國職業袋棍球大聯盟**」（Major League Lacrosse, MLL）打球，儘管球員展現了高超的技能，但是它仍然只是個半職業化的聯盟。

○ 2014年，一個名叫札克·多恩（Zack Dorn）的男子，以每秒51公尺的球速擊出最快紀錄。但多恩其實不是球員，而是**球迷**！不過，多恩創下的紀錄，隔年就被袋棍球明星球員**派翠克·盧森**（Patrick Luehrsen）超越了。

龍門
進球的球門稱為「龍門」，呈方形，長、寬各約1.83公尺。

守門員禁區
對手不准進入這個直徑約5.5公尺的圓圈內，但是可以運用球棍來接球。

球場
球員在長100公尺、寬55公尺的球場上比賽。

主審
主審擁有最終的判決權，有時也會借助其他裁判和場內裁判的判決。

袋棍球場

	翼地區	
防守區		攻擊區

龍門
守門員禁區

受罰區
犯規球員會被安排到受罰席就座，禁止上場的時間則視犯規情節而長短不一。

防守半場
4名防守球員只能待在防守半場。

球員位置

守門員
防守球門，阻止對手進球得分並指揮防守。

防守球員
阻截對手進攻得分。

進攻球員
專門負責快攻、在前場傳接和得分。

冰球 ICE HOCKEY

冰球又稱「冰上曲棍球」，是一種快速、激烈、很耗體力，卻也很令人興奮的運動。

冰球是在結冰的溜冰場上進行比賽，球員需要具備高度的技巧、速度和敏捷性，更重要的是要有強大的勇氣，才能應對挑戰。也有人覺得冰球是野蠻遊戲，球員間常有身體衝撞，也時常發生兩隊打鬥的事件。

冰球比賽時，兩支球隊會在球場中線開球。雙方互派1名球員，在裁判放下球後用曲棍相互爭球，之後試圖越過對方的守門員來進球得分。

冰球現為北美最受歡迎的運動之一，在歐洲的部分地區也很流行。有些人認為冰球可能起源於歐洲，因為它確實受到了某些「以棍擊球」的歐洲傳統運動影響（如曲棍球），但是，今天大家所熟悉的冰球規則其實來自加拿大與美國。

冰球規則

- 每隊派出6人上場比賽，包含3名前鋒（中鋒、左鋒和右鋒）、2名防守球員（後衛）和1名守門員。

- 比賽共分三節，每節共20分鐘。如果正規時間結束後仍平手，便會進行加時；若是加時賽仍分不出勝負，則會再進行點球賽，直至分出勝負。

- 球還沒進入攻區的藍線前，攻方不能先於球進入藍線，否則就是「越位」（offside）。

- 當任一方的球員在球場中間紅線後方，把球打越過另一隊的球門線時，將會造成「底線球」（icing，又稱「穿越球」）。這條規定是為了防阻止長傳。

- 如果出現越位或底線球，會從場上8個爭球點的其中一個重新發球。

- 當守方以違規攔截的方式，阻礙攻方進球，攻方將得到1次任意球的罰球機會。

判罰──以寡敵眾

違規球員會被暫時判罰離場至球場邊的「判罰室」（penalty box），判罰時間則依違規情節而定。像是絆倒、使人摔跤等輕微違規，會被判離場2分鐘；但若是刻意傷害其他球員，離場時間則長達10分鐘。此項處罰稱為「以寡敵眾」（powerplay），犯規隊伍在判罰時段內必須以少打多對抗另一隊；若是對手在該時段得分，「以寡敵眾」就會結束，被罰的球員也可重返球場。

裁判
每場冰球比賽有4名身著黑白條紋制服的裁判。

冰鞋
球員穿著裝上冰刀的溜冰鞋在冰上快速移動。

冰球
由堅硬的橡膠製成，呈寬扁平形，重約170公克。

冰球術語

第5個漏洞（five-hole）：守門員在防守時的5個常見漏洞，第5個漏洞指兩腿間的空間。

即時換人（change on the fly）：比賽進行中更換球員也無須暫停比賽，這是冰球與其他球類競賽很不一樣的規定。

執行者（enforcer）：執行者是各隊專門負責打架的角色。他們的主要作用是參與鬥毆，報復對方的惡意犯規動作並保護己方主力球員。

保護裝備

球員會身著頭盔、護胸（肩）、護腿和手套等。

守門員

是球門前的最後一道防線，會使用大號的護胸及球桿。

冰球小知識

○ 1910年，位於加拿大蒙特婁的「國家冰球協會」（NHA）制定了冰球的運動規則。後來則由1917年成立的「**國家冰球聯盟**」（NHL）取代了該協會，這個聯盟現有24支來自美國的隊伍和7支來自加拿大的隊伍。

○ 早期冰球是由**冷凍牛糞**製成的，而今日的橡膠球在比賽前仍然會先被冰凍起來，以避免球的彈跳。

○ 冰球比賽過去只允許「**向後傳球**」，直至1930年才改變規定。

○ 國家冰球聯盟的例行賽多達82場，球員每週至少得參加3場以上的比賽。例行賽結束後，戰績最佳的幾個球隊晉級季後賽爭奪史坦利杯，最後獲勝的隊伍通常已參加**超過100場比賽**！

○ 傳奇冰球球員鮑比‧赫爾（Bobby Hull），曾以每小時190公里的速度，創下**最快擊球**的紀錄！

○ 在冬季奧運的冰球項目，排名第一的加拿大贏得了**13面金牌**，排名第二的俄羅斯則拿到了**7面金牌**。

爭球點

開賽時是從中區爭球點開球，但比賽中重新開始則從其他位置的爭球點開球，共有8處。

冰球場

守區 　中區 　中區 　守區

球門線

球門　球門區

中區爭球點

球桿

有多種規格，通常長約2公尺。

爭球區

判罰室
犯規球員被判離場時必須待在這裡。

板球 CRICKET

板球擁有悠久的傳統，是最古老的「以板擊球」體育競賽。

板球很要求專注力、協調性，且要能準確的掌握時間。比賽時，兩隊會輪流打擊，並極盡所能讓自己的隊伍跑位得分。

天氣是影響板球比賽的關鍵因素，因為比賽會由於下雨或光線不好而暫停。板球會以不同的形式進行比賽，有持續好幾天的「板球對抗賽」（test matches），也有只比數小時的「有限輪比賽」（limited over）。

板球運動的起源，最早可追溯到16世紀時的英國，原本只是兒童玩的遊戲競賽，直到17世紀才逐漸發展為成人的體育活動。到了18世紀以後，板球已成為流行於整個英國的運動項目，並藉由大英帝國的擴張，拓展到世界上的其他地區。現在這項運動在加勒比海沿岸地區，以及印度、南非和澳洲等國仍然非常流行。

場 地

橢圓形的球場，中間是長約20公尺的長方形的草坪帶，稱為「球道」。

區域線

指橢圓形球場中間方形球道的邊界線，通常用來裁定擊球手出局或決定投球是否合理。

服 裝

在持續多日的傳統板球對抗賽及頂級賽中，球員會身著白色球衣，但在較短的單日賽中則會穿著彩色球衣。

板球規則

● 兩隊各派出11名球員進行比賽，且會輪流打擊和防守。擊球方會盡力擊球並以跑位得分，而防守方則努力讓擊球手出局，讓他們無法跑位得分。

● 每名投手上場只能投6球，投完6球稱為「一輪」。每結束一輪，就要換下一名隊友上場投球。

● 擊球手擊球後，可在球道上的2座三柱門間跑位得分，或是將球擊出球場上的邊界繩外亦可得分。

● 球道兩端會各站1名擊球手，當球被打擊出去後，兩邊的擊球手就可以盡力快跑來互換位置爭取得分。

● 有十種不同的方式讓擊球手出局，最受歡迎的是「接殺」（caught）、「投殺」（bowled）、「觸身出局」（LBW）、「追殺」（runout）及「擊殺」（stumped）。

● 每次投球手讓擊球手投殺出局，都會計入投球手的成績。

投球手

投球手投球給擊球手，會使用各式球路，力圖讓擊球手出局而無法跑位得分。

裁 判

比賽通常有2名裁判站在場上的不同位置，並根據現場狀況與板球規則作出判決，他們也會藉助錄影轉播來確認裁決。

擊球手

擊球手負責擊出投手投的球，並試圖跑位得分。球場的兩端則各有一名擊球手。板球歷年來最高的單人得分紀錄是400分，由西印度群島板球隊的傳奇球員布萊恩·拉拉（Brian Lara）在2004年對抗英格蘭隊的比賽中所創下。

邊界繩

如果擊球手擊出的球，在邊界繩內落地或又彈出繩外，擊球方可得4分，稱為「四分打」（four）；如果球沒有落地，直接飛出繩外，則得6分，稱為「六分打」（six）。來自西印度群島板球隊的擊球手克里斯·蓋爾（Chris Gayle）則是首次在對抗賽擊球就擊出「六分打」的紀錄保持者。

守門手

站在擊球手後方，接住擊球手未能擊中的投球。

三柱門

球道的兩端有2座三柱門，是由3根門柱和2根橫木組合而成，擊球手會在2座三柱門間跑位。但若投球手投出的球直接擊中擊球手身後的三柱門，且讓其上的橫木掉落，擊球手就會出局。

守備員

守備員的職責在於阻止擊球手跑位得分。若擊球手擊出的球在落地前先被守備員接住，就會被「接殺」出局。板球守備員有非常多的防守位置，有些位置甚至有奇怪的匿稱，像是「愚蠢的中間」（silly mid on），指的竟然是右外野手的位置！

板球小知識

○ 球隊主要由**擊球手**和**投球手**組成，通常是6名擊球手和5名投球手。其中有1名球員（通常是擊球手擔任），是站在擊球手三柱門後方的特殊守備員，稱為「**守門手**」；另外1～2名球員同時擅長擊球與投球，稱為「**全能手**」。

○ 2003年，來自印度的投球手蕭布·阿赫塔（Shoaib Akhtar）投出時速達**每秒44.8公尺**的速球，打破板球的歷史紀錄。

○ 球隊不是只有會投快球的投球手，還會配置「**旋轉投球手**」（spin bowlers），他們投出的球會出現不一樣的旋轉方向，落地後的反彈角度也會跟著改變。

○ 前斯里蘭卡旋轉投球手馬亞·默爾利撒倫（Muttiah Muralitharan）包辦了多項「擊中三柱門」的紀錄，在他的職業生涯中總計有**800次**擊中三柱門。第二名的紀錄也是由旋轉投球手創下，是來自澳洲的謝恩·沃恩（Shane Warne），成績則是708次。

○ 當擊球手在板球賽中累計到「**100跑**」（century，意即拿到了100分），會被視為很大的成就。若同一名投球手在一局中擊中5次三柱門，也會備受好評。

○ **世界盃板球賽**由各國代表隊組隊參加，每四年會舉行1次，澳洲已拿下5次冠軍。

板球配備

球

非常硬，是由軟木、皮革和細繩縫線製成。投球手常會磨亮一側，以利球在空中旋轉。

頭盔

有一層金屬面罩，但是在1970年代前，很少使用這種頭盔。

護腿墊和手套

擊球手會穿上護腿墊和手套，保護他們的腿和手。

球板

由木頭製成，上方附有橡膠材質的握把。

球拍運動
SPORTS

網球 TENNIS

網球是最流行的球拍運動，激烈又快速。它是一項艱苦的比賽，可以持續好幾個小時。

現代網球比賽起源於19世紀的英格蘭，然而早在13世紀，法國就在打早期形式的網球了。當時它被稱為「掌上游戲」（jeu de paulme），因為玩家是用雙手打球而非球拍。1890年代建立了現代網球比賽規則之後，開始使用木製球拍。從那時起，規則就幾乎沒有什麼變化。

網球通常是在長方形球場上1對1單打，或是2對2雙打，用一種帶有網狀球線的球拍將球擊過球網。比賽目標是迫使你的對手犯下錯誤，使他們無法將球擊過網或把球留在球場的界線內。

網球界最有名的明星都在職業錦標賽中比賽，其中最大型的比賽就是年度四大滿貫——澳洲網球公開賽（澳網）、法國網球公開賽（法網）、溫布頓網球錦標賽（溫網）和美國網球公開賽（美網）。

球場種類

草　地：是網球最初的比賽場地。如今唯一在草地上舉行的大滿貫賽事，只有溫布頓網球錦標賽。

紅　土：混合了壓碎的頁岩、石頭或磚塊。法國網球公開賽是在紅土場地舉行。

硬　地：由丙烯酸或瀝青鋪成。美國網球公開賽和澳洲網球公開賽就是在硬地球場舉行。

網球規則

● 率先贏得4分的球員便贏得一局。再者，先贏得六局，並領先對手至少二局的球員則贏得一盤；而先贏得規定盤數的球員則贏得比賽。

● 發球手站在底線後向斜對面的發球區發球。每次發球要輪流在右邊或左邊。

● 記分方法分別為：零、15（1分）、30（2分）和40（3分）。當雙方都得了40分時，一般叫「平局」。在出現平局後，一名球員必須再連續得2分，才能贏得這一局。

● 若雙方都贏了六局，就要以「決勝局」（又稱「搶七局」）決勝負。

● 比賽的決勝盤不以「決勝局」定勝負，而是必須比到有一方贏兩局為止。由於這項規定造成比賽過於冗長，目前四大滿貫中僅剩法網緊守此規，其他三者已改制。

● 若為四大滿貫，女網三盤二勝制、男網五盤三勝制。若非四大滿貫，男女網皆為三盤二勝制。

線審
最多有9名線審幫助主審判定球是否出界。

球拍
球員用球拍來擊球。現代球拍由輕質石墨或鈦製成。

主審
主審負責主持比賽，通常坐在賽場中間的高椅上，以便判定球的落點，以及球員是否有違規的行為。

鷹眼系統（即時回放系統）
運動員可以對他們認為不正確的判罰提出挑戰，這時就會使用「鷹眼」系統判定球的落點是否出界。

網球配備

過去

早期在維多利亞時代，球員會穿著他們日常的服裝在球場上打球，也就是綁帶馬甲、高領長袖上衣以及有裙撐的長裙。

現在

現在的服裝讓球員運動時自在多了。雖然大多數比賽允許穿著任何顏色的服裝，但是溫布頓網球錦標賽堅持球員要穿著全白服裝。

網球小知識

○ 最初的發球是**低手式**，而不是現在將球吊高的高壓扣球方式。當時的球網比現在高很多，和羽毛球網類似。

○ 直到二次世界大戰前，男人都穿長褲打球。1930年的**布拉米・希爾雅德（Brame Hillyard）**是第一個在溫網穿著短褲上場的人。

○ 女性的網球裙隨著時代變得越來越短，以便於運動自如。1949年，格西・莫蘭（'Gussie' Moran）在溫網穿著鑲有蕾絲的**短褲**，結果引發眾怒。

○ 在過去，男子球員獲得的獎金比女子球員高，直到近期才引入**同工同酬**。

○ 在2010年的溫網中，美國的約翰・伊斯內爾（John Isner）和法國的尼古拉・馬俞（Nicolas Mahut）持續對戰了11小時又5分鐘之久，比賽橫跨**3天**。最後一盤是伊斯內爾以70比68戰勝。

○ 2012年，澳洲的球員山姆・格羅斯（Sam Groth）擊出了有史以來**最快**的發球，時速為**263公里**。德國的薩比娜・里希琪（Sabine Lisicki）則是女子選手的紀錄保持人，時速為210.8公里。

愛司球

發球時，若對方球員的球拍完全沒有碰觸到這一球，就叫做「愛司球」，這是最受觀眾歡迎的一種擊球。比賽紀錄上最快的愛司球，是由安迪・羅迪克（Andy Roddick）所締造，時速為250公里。伊沃・卡洛維奇（Ivo Karlović）在職業生涯中打出最多的愛司球，目前一共13235次。

球

由硫化橡膠製成，通常包著黃色毛氈，直徑為6.7公分，內部充了氣。

球童

負責取回球場上的球，拿給選手。

邊線

雙打比賽時，這些長方形會成為場地的一部分，為場地增加1.4公尺的寬度。

球網

球網兩邊約1.07公尺高，正中間的高度則是約0.914公尺。

底線

發球區

發球員的目標是使球越過球網，在斜對面的發球區內著地。

網球場

桌球 TABLE TENNIS

在這本書中，
乒乓球可能是最有趣，
也最容易上手的運動。

這款室內運動是源自於在戶外打的網球，而且幾乎能在任何地方進行——無論是奧運中的球桌，還是自家廚房裡的餐桌。

雖然任何人都能打桌球，但若想要在頂級水準的比賽裡競爭，則需要敏捷的思緒、快速的手和絕佳的反應能力。

桌球可以1對1單打，也可以2對2雙打。對戰的球員用一支小小的球拍將一顆小球來回打過球網。

力量和球的旋轉在桌球中相當重要。比賽時，球員努力以策略打敗對手，他們會利用扣殺和球的各種旋轉，讓球在空中移動後再從球桌上彈開。

桌球小知識

○ 這項運動在19世紀後期起源於英國，上流社會晚餐後玩的室內遊戲。

○ 桌球比賽曾經有過各式各樣的名稱，括室內網球、「高西馬」（gossima）、「佛利姆─佛拉姆」（flim flam）和「夫華夫」（whiff-whaff），最後在1920年代，「桌球」才成為正式名稱。

○ 蘇聯曾在1930到1950年代之間禁止球運動，因為認為它會傷害眼睛。

○ 頂級的比賽平均長度為30分鐘，最出色球員在殺球時，球速常常會超過時速16公里。

○ 研究顯示桌球是對大腦最好的運動。了解，比起其他運動，桌球能活化大的更多部分。

球

球由塑料材質製成，充滿空氣。它的速度可以很快：60秒內來回擊球的次數，最高紀錄為173次！

球拍

球拍由木材製成，表面覆蓋著橡膠。有些球拍表面是光滑的，利於使力；有些則帶有凹痕，有助於旋轉。

發球

發球時，球必須先碰觸發球方臺區，然後越過球網，觸及對手的臺區。

球網

高度為15.25公分。

球桌

由木材製成，長274公分，寬153公分，距離地面76公分。

桌球規則

● 比賽的每一分都是由發球開始。發球員必須用手把球垂直向上拋起，高度至少16公分，接著在球下降時擊球，使球首先觸及發球方臺區，然後越過球網，觸及對手的臺區。

● 若球在對手臺區彈跳2次，或彈跳1次後落地，則贏得1分。

● 若球觸網、連續2次擊球，或球被球拍以外的東西擊中，則對手贏得1分。

● 在一局比賽中，先得11分者獲勝；在10比10平手的情況下，則必須先比對手多得2分才獲勝。

● 桌球比賽採用五局三勝或七局四勝的賽制。

壁球 SQUASH

壁球是一種令人筋疲力盡的球拍運動。

　　像網球一樣，球員使用網狀球拍來回擊球。然而，壁球不是將球擊過球網，而是在室內對著牆壁打球。壁球是以所使用的軟球（squash）命名，這種球輕巧且「容易擠壓」。雖然壁球不如其他體育項目那樣經常受到媒體報導，但它是數百萬人喜愛的運動，而且也有上千名精英級的球員。

界外線
落在這條線以上的球即出界。

發球線
發出的球必須擊中發球線與界外線間的前牆上。

球
球上不同的顏色點代表球的彈性，專業比賽中使用雙黃點（特慢）球。

底界線
落在這條線以下的球即出界。

壁球拍
使用石墨合成材質，搭配合成材質的球網，長度不超過68.6公分。

短線
發球必須落在對手球場上的短線後方。

護目鏡
球員會配戴護目鏡以保護眼睛。

發球格
發球時，必須一腳踩在發球格裡。

壁球規則

● 壁球由2人（單打）或4人（雙打）在一個封閉式的場地進行。

● 正規比賽通常是五局三勝制，一局通常是9分。

● 每位參賽者要持續用球拍把彈跳的球打到正牆上，目標是使對手無法在球彈跳第二次之前擊回。

● 得分從發球開始，目標是擊中正牆上的界外線與發球線之間，然後落在對手界內的短線後方。

● 接下來在比賽回合中，球員要輪流將球打到正牆上的底界線與界外線之間。

● 若球員無法把球擊回或擊球失誤（如：將球打到地面上或界外線上方、在球彈地兩次後擊回、球擊出後未擊中正面牆），就輸了這一回合。

● 有發球權的選手才能得分。

羽球 BADMINTON

如果你是球拍運動的新手，這項運動可能比較適合你。

打羽球很輕鬆有趣，即使是新手也能在短時間內成為一名熟練的球員。和其他球拍運動不同的是，這種運動用的不是一般的球——兩方球員要隔著高高的球網將羽球來回擊過網，還會互相殺球，試圖迫使對方犯錯。正式羽球比賽在室內的長方形球場舉行，不過，現在世界各地也有在後花園和海灘上進行的非正式比賽。事實上，數個世紀以來，歐洲各地都在打羽球。根據估計，現在全世界共有超過1400萬人在160個國家打羽球。

羽球的起源並不確定，但是亞洲某些地區打羽球至少已經2000年了。現代的羽球，則是在19世紀中葉的英國，依據早期的羽球運動發展而來。

羽球規則
- 比賽開始時雙方擲硬幣，勝方可選先發球或先接發球。
- 比賽有2人（單打）或4人（雙打），採三局二勝制。
- 羽球的計分制度採取11分制或21分制。在21分制中，若比分來到20-20，則先比對手多拿2分者獲勝。
- 發球後，雙方球員來回將球擊過球網上方，稱為一回合。
- 使球落在對手場地的有效區域內，就能贏得一回合，並取得1分。
- 如果一方球員使球觸網或在界外落地，就輸了這回合。
- 擊球時，不能讓羽球短暫停留在球拍上，也不可以將球拍伸過球網上方擊球。

基本球路

如果想成為羽球職業級選手，就要精通這些常用的基本球路。

高遠球
用球拍正中間擊球，使它高飛到對手的後場。這主要是用來爭取時間的防守性技巧，但如果你的對手在網前，也可以成為一種戰術。

平抽球
快速有力、直接飛越球網的擊球。好的平抽球，高度剛好在球網上。球員也可能會直接瞄準對手，讓對手無法將球回擊。

吊球
當對手在後場時使用的技巧性擊球，目的是使球落在對方網前。球員常常假裝要打出平抽球，接著突然輕輕將球吊過網。

扣殺
這是羽球中速度最快、最具攻擊威力的擊球，可以説是一個角度向下的平抽球。當球飛得很高時最容易殺球，這時通常瞄準對手以外的位置，不過有時候也會直接瞄準對手。

其他
更進階的打法包括旋轉、近網挑球和撲球等。世界上最好的球員精通各種球路，搭配驚人的腕力以及神來一筆的輕觸。

羽球
重量只有5公克，羽毛有助於它在空中飛行。比賽中，羽球可能會受到嚴重損壞，因此可能在每得一分後就要換球。

球拍
重量極輕，讓球員能夠輕彈及殺球，通常由石墨製成。一支球拍重量不到100公克，與一副撲克牌差不多呢！

發球區
發球時，雙方球員要站在對角的發球區內，直到發球者將球擊出才可移動。

握把
球員可以使用防滑粉，讓自己能穩穩握住球拍。

裁判

裁判是羽毛球比賽中的主要判決人,坐在場邊,發球審和線審協助他做判決。

發球

羽球有四種發球:

低 球:輕輕將球擊至對方的前場。

高 球:一種強力的發球,將球高高擊出,讓它落在接球者的後場。

平快球:最常見的發球方式,將球往上打,但高度低於高球。

平 球:使球快速平飛至對方的後場。

球 網

羽球網子的高度是兩側1.55公尺,中央1.52公尺。

扣 殺

這種上手擊球技巧,在各種球路中力量最強,最高紀錄為時速493公里——比火車還要快!

羽球小知識

○ 羽球的速度通常在**每秒90公尺以上**。

○ 羽球由**16根羽毛**製成,鵝羽毛是最好的,尤其是左翼的羽毛。

○ 羽球在1992年,於巴塞隆納首次進入奧運會。當時,有超過**11億人**從電視上觀看第一場羽球奧運比賽。

○ 來自中國和印尼的球員,被認為是世界上最出色的。這兩個國家的選手,一共贏得了**70%**的世界賽事。

○ 一場頂級的羽球比賽中,平均會用掉10個羽球,球員擊球約**400次**。

○ 球拍上的網線,通常是用合成材質製成。在早期,球拍的網線是用**乾燥後的動物胃黏膜**做成,譬如牛或貓的胃黏膜。

○ 羽球運動的英文名稱本來叫「shuttlecock」,至1873年,博福特公爵(Duke of Beaufort)在他的**伯明頓莊園**(**Badminton House**)舉行派對之後,新的羽球名稱「badminton」因而誕生。

○ 有史以來最短的羽球比賽只持續了**6分鐘**。在1996年的優霸盃(Uber Cup)比賽中,南韓的羅景民(Ra Kyung-min)在短短6分鐘內擊敗了英格蘭的茱莉亞·曼恩(Julia Mann),比分為11-2、11-1。

球 場

球場為長方形,常見的材質為合成塑膠或木地板。單打羽球場的長度13.4公尺,寬度5.2公尺。

鞋

輕便的膠底鞋讓球員在場上更加敏捷。

短距離跑 SPRINTING

簡稱「短跑」。在這項比賽中，能看到地球上跑最快的人一起競爭。

短跑比賽有各種不同的距離，最常見的是100公尺、200公尺和400公尺，有些室內競賽則只有60公尺。像閃電般快速的100公尺短跑者，每秒可跑的距離超過9公尺！最高層級的比賽，通常在10秒內就跑完100公尺了。

100公尺短跑賽向來是現代奧運比賽的亮點。2016年奧運短跑決賽在巴西里約熱內盧舉行，當時有超過3500萬的觀看人數！

短跑比賽在歷史上也有重要的地位。早在古希臘時期就開始舉行，當時這個項目稱為「斯他德」（stadion，是古希臘人慣用的長度單位），比賽距離則超過180公尺。1896年在希臘雅典舉辦的第一屆奧運，便依照古代傳統將短跑列入競賽項目，成為我們今日熟悉的百米短跑。

短距離跑規則

- 規則很簡單——第一個衝過終點線的人就是冠軍。

- 開始比賽時，選手會以「蹲踞式」在起跑器上準備，當發令員宣布：「各就位」、「預備」等口令時只能離開一次，接著聽到鳴槍就開始起跑。

- 如果選手在槍響前起跑，就形成「起跑犯規」，可能會失去參賽資格。

- 每一名選手都會被指定跑道，比賽時如果沒有跑在指定的跑道上，也將失去參賽資格。大多數運動員通常最喜歡中間的跑道。

跨欄的力量

跨欄是奧運中的一項田徑項目。有別於短跑直直向前衝的方式，跨欄選手必須跳過10個欄架才能抵達終點線。欄架高度通常介於68～107公分間，會依跑者的年齡和性別而有區隔。

跨欄比賽分成100公尺、110公尺或400公尺，欄架間隔會根據比賽距離而有不同設置。跨欄選手通常會展開一整套節奏統一的跨越模式，以利每次都能以同一隻腳跳過每個欄架。當選手跨欄時，則會盡可能將身體放低，雖然碰倒欄架不會讓他們失去參賽資格，卻會嚴重拉長比賽時間。

上半身的力量

這對短跑選手非常重要，因為他們在整個比賽中都需要驅動雙臂來提高速度。

發令員

當發令員鳴槍表示比賽開始。

跑鞋

裝有鞋釘的跑鞋，能幫助短跑選手增強對跑道的抓地力。

跨步

大部分短跑選手在100公尺的比賽中，平均跨步會在40～45步間。

接力好棒

- 接力賽有兩種——4×100公尺和4×400公尺。

- 每一隊會有4名短跑選手接續輪跑一次；當每一棒跑完時，就把接力棒傳遞給下一位的同隊跑者。

- 必須在賽道的規定區塊將接力棒交給下一人。在超高速的跑步中，需要高超技巧才能完成交棒。

賽道

賽道
長度為400公尺。

終點直道
100公尺比賽和10公尺障礙賽會從這裡開始比賽,而200公尺和400公尺比賽則會在這裡結束。

起跑區
短跑選手起跑的地方,內建感應器可以偵測鳴槍前的偷跑。

終點線
比賽結束的地方。

衝刺
短跑選手會努力將上半身向前傾,以利在終點線前擊敗他們的對手。

計時器
記錄每一名選手的時間,也會展示贏者的時間給觀眾。

跑道
跑道寬度是1.22公尺。選手必須跑在指定的跑道上來完成比賽。

腿力
最厲害的短跑選手通常就是最好的起跑者,因為他們會運用強而有力的雙腿,爆發式的從起跑器衝出。

終點照相
當比賽成績太接近時,「終點照相」有助於判斷誰是得牌者。

短距離跑小知識

○ 自從1896年第一屆現代奧運以來,每屆奧運都會舉辦100公尺和400公尺短跑比賽,但一開始只限男子選手參加,直到**1928年**才有100公尺女子短跑比賽,但400公尺要等到1964年。

○ 美國曾在**六屆奧運**的男子200公尺比賽中,同時贏得金牌、銀牌和銅牌,贏得的時間分別是在1904年、1932年、1952年、1956年、1984年和2004年。

○ 牙買加的短跑健將**尤賽恩・波特(Usain Bolt)**,是目前地球上跑最快的人,他分別是100公尺(9.58秒)和200公尺(19.19秒)的世界紀錄保持人。波特在2009年的成績是每秒可跑12.5公尺。

○ 在400公尺的賽道上,100公尺比賽是在**接近終點的直道**上進行。通常起點會被設置在延長線上,使跑道呈一條直線。

○ **炎熱的天氣與恰到好處的順風**,可幫助短跑比賽產生最佳成績──當順風將跑者往前推進時,稍高的溫度同時可以降低空氣的阻力。

中距離跑和長距離跑 MIDDLE-DISTANCE RUNNING & LONG DISTANCE RUNNING

中距離跑及長距離跑是耐力和持久力的考驗。

中距離跑指的是跑步距離在500～3000公尺間，而長距離跑則通常會跑5000以上的距離，所以跑者往往需要縝密的戰術規劃，以及令人敬佩的精神和體力。

除了專業選手以外，熱衷於長距離跑的業餘跑者，近來更有激增的趨勢。許多人為了保持健康而經常跑步，甚至會與專業選手一起參加比賽。

長距離跑中的其一項目──「馬拉松」，可能是運動比賽中極艱苦的比賽之一。馬拉松比賽的距離長達42.1公里──與希臘士兵菲力皮德斯（Pheidippides）在西元前490年從馬拉松鎮附近的戰場，跑回首都雅典傳遞信息的距離相同。

超馬跑者

如果你覺得長達42.1公里的馬拉松跑不過癮，還可以試試「超級馬拉松」，這種比賽通常得花很多天才能完成，距離則長達數千公里，而且常在極端的環境下舉行。

2009～2010年，法國超馬選手賽爾日·吉拉爾（Serge Girard）花了365天，跑完2萬7011公里。他每天跑將近75公里，持續整整一年，途經五大洲及25個以上的國家。

賽道

• 賽道一般長達400公尺，
選手會用「跑幾圈」來換算成
長距離跑的距離。
例如，1萬公尺比賽要跑完整整25圈。

• 選手在長距離跑時可以進入任何跑道，
因此為了盡可能跑最短的距離，
他們會以最快的速度
搶進最內圈的跑道。

障礙賽

是一種中間會安插各種障礙的田徑運動，現在正式比賽中的障礙賽通常為3000公尺。比賽時，選手必須清除數個障礙架，有些障礙架的另一側甚至是水坑。與110公尺跨欄比賽不同的地方是——跨欄賽的欄架可能會被碰倒，但障礙賽的欄架就算碰到仍會保持固定直立。

中距離跑和長距離跑小知識

○ 工業時代之前，負責傳遞信息的「報信者」，就是很厲害的長距離跑者，他們經常需要跑很長的距離傳遞信息，這在《聖經》裡曾有記載。

○ 打從1980年代開始，來自肯亞、摩洛哥和衣索比亞的參賽者，就是長距離跑的常勝軍，擁有壓倒性的優勢。

○ 男子5000公尺的紀錄保持人，是來自衣索匹亞的肯內尼薩·貝克勒（Kenenisa Bekele），他在2004年的成績是12分37.5秒，令人印象深刻。

○ 女子馬拉松世界紀錄的保持人，則是來自英國的寶拉·雷德克里夫（Paula Radcliffe），她在2003年的倫敦馬拉松以2小時15分25秒完成比賽。

○ 英國杜倫大學一項研究結果顯示：跑者穿上紅色衣服比較有可能贏得比賽，這是因為對其他跑者來說，紅色具有支配的象徵。

○ 「長途競走」也是很重要的田徑活動。比賽距離通常超過20公里：男子比賽的距離可能超過50公里、女子比賽的距離則是20公里。

○ 2013年的紐約馬拉松，總計有50304名參賽者跑完全程，這是單次比賽中超越終點線人數最多的一次。

○ 長距離跑實在太受歡迎。據統計，美國光在2012年一整年就售出4460萬雙跑鞋。

跑鞋

好的跑鞋能吸收持續踩踏路面或賽道所產生的震動，對跑者來說非常重要。

中距離跑和長距離跑規則

● 規則超簡單——第一個超越終點線的人就是冠軍。

● 800公尺、1500公尺等中距離跑中，選手在一開始時會先錯開，接著才嘗試搶進最內圈、可跑最短距離的跑道。

● 在長距離跑比賽中，選手通常會排成一排再開始跑。

● 長距離跑中的其一項目——馬拉松，是一種「跑在一般道路」的比賽，但是在奧運和其他田徑賽中，選手通常是在體育場的賽道上結束比賽。

● 長距離跑中的其一項目——越野賽（cross-country races），通常會在自然環境中舉行，選手得在高低起伏的丘陵上跑步，分成個人賽或團體賽，也有各種不同的路跑距離。

跳躍運動 THE JUMPS

田徑運動中的四項跳躍運動都結合了爆發力和速度。

在「跳遠」和「三級跳遠」的比賽中，選手會比誰能跳得最遠；但在「跳高」和「撐竿跳」的比賽中，選手則會比誰能跳得最高。

跳躍是最古老的田徑比賽之一，像是跳遠訓練可以回溯到古希臘時期。不過，所有的跳躍運動都會隨著時間推移而演變。

例如，以前的運動員在跳遠時只會先跑一小段，甚至從站立位置就開始起跳。但到了現在，除了自己本身的跳躍能力，運動員還必須借重跳躍前全力衝刺的速度，才有機會獲得好成績。

跳躍比賽通常會在體育場上舉行，例如奧運和世界錦標賽。

撐竿跳 POLE VAULT

撐竿跳規則

● 選手會用長又有彈性的撐竿來越過橫竿。

● 選手在跳躍前會助跑，接著把竿子插在插斗裡起跳。

● 當選手到達最高點，會將自己推離撐竿，並試圖把背部弓起來以越過橫桿，最後掉落在厚厚的墊子上。

● 每個高度有3次試跳的機會。一旦試跳成功，橫桿就會向上移動。如果選手試跳3次仍然失敗，就要退出比賽。

● 冠軍是由跳最高高度的人獲得。

橫竿

最優秀的選手可以越過6公尺，這高度比長頸鹿還要高！

跳高 HIGH JUMP

橫竿

放在兩個立柱間，跳高選手必須越過橫竿且不能踢倒它。

撐竿

通常以碳纖維製成，具驚人的彈性，能幫助選手彈越過橫竿。

跳高規則

● 先起跳、把自己拋向空中，越過橫竿再落在厚厚的軟墊上。

● 選手必須單腳起跳，跳過橫竿時不能讓橫竿移位。

● 比賽時，選手會從最低的高度開始嘗試，這個起始高度由裁判選定，但選手也可以選擇從更高的地方開始跳。

● 每次高度上調時，跳高選手可以有3次機會試跳，若3次試跳失敗就淘汰，冠軍則由決賽中跳最高的人獲得。

● 當比賽平手時，冠軍則由跳最高且試跳次數最少的選手獲得。

背越式跳高

在1960年代，由美國知名的運動員迪克‧佛斯貝里（Dick Fosbury）所獨創。當時原本流行雙腳快速交叉、橫向跨越的「剪式跳高」。「背越式跳高」則是運動員先以圓弧形助跑，接著將背弓起來，同時也試著跳越高高的橫竿。

立定站好

• 早期選手在跳高、跳遠和三級跳比賽中，都被規定不能助跑，必須從站定的位置起跳。

• 在1912年前，「立定跳高」和「立定跳遠」都是奧運的比賽項目。

• 「立定三級跳遠」是1900和1904年奧運的比賽項目，現在則是當成運動員的訓練項目。

三級跳遠 TRIPLE JUMP

三級跳遠規則

- 三級跳遠起跳的方式跟跳遠相同，也在同樣的路徑上進行，但起跳板比較長。

- 選手單腳踩跳板後，會先將起跳的腳收回，再換另一隻腳躍上，接著就往前跳入沙坑。

- 跳遠距離的計算，是測量從起跳板到選手留在沙坑中的最近記號。三級跳遠的距離通常會比較遠。

旗子

舉起白色旗子就表示選手跳躍合格；舉起紅色旗子則代表跳躍失敗。

跑鞋

多數跳躍運動的選手會選擇穿有鞋釘的鞋子。

單腳跳

跳遠者用單腳起跳，同一隻腳落地。

跨步跳

接著用另一條腿跨越。

跳躍

最後一躍是將選手帶進沙坑。

跳躍小知識

- 據說早在古希臘時期，就會利用跳遠運動**訓練戰士**躍過溪流甚至峽谷。

- 撐竿跳也被認為是源自於古希臘。當時的人會用撐竿跳來跳過田裡的**公牛群**！

- 三級跳可能是從古代的兒童遊戲——**跳房子**演進而來的。

- 在背越式出現之前，大部分的跳高選手會採用如跨越式、滾動式、俯臥式與**剪式跳高**等方式來跳高。

- 跳遠的沙坑**長度**必須有**2.75公尺**，寬度則不能超過3公尺。

- 頂尖的100公尺和200公尺短跑者，通常也是優秀的跳遠選手。在1984、1988和1992年的奧運中，美國的傳奇田徑選手**卡爾・里維斯**（Carl Lewis）就同時贏得100公尺短跑及跳遠的金牌。1984年那一屆，甚至還囊括了200公尺短跑的金牌。

- 在1994～2014年間，綽號「空中鳥人」的烏克蘭撐竿跳選手**謝爾蓋・布卡**（Sergey Bubka）始終是世界撐竿跳紀錄（6.14公尺）保持人，直到2014年才被法國選手芮諾・拉維雷尼（Renaud Lavillenie）打破。

- 三級跳遠的單腳跳紀錄（7.02公尺）保持人，是美國選手**肯尼・哈里森**（Kenny Harrison）。

跳遠 LONG JUMP

跳遠規則

- 選手會在助跑道上全速疾跑，然後縱身一躍。

- 助跑道的表面和跑步賽道一致。

- 運動員會從稱為「起跳板」的木板上，極盡所能的跳進沙坑。

- 起跳腳必須落在起跳板的邊線之後，否則就會被判失誤、跳躍無效，距離也不列入紀錄。

- 參賽者通常有3次的試跳機會，而最佳運動員會得到3次以上的試跳獎勵。

- 試跳機會中最長距離的一跳，便會成為選手的最後成績，而跳最長的人得到冠軍。

助跑道

助跑道至少長達40公尺，參賽者在落入沙坑前，會盡全力在助跑道上全速奔跑。

起跳板

起跳板位於助跑道終點前1公尺處，選手腳最後踩踏的落點不可以超過這個板子。

蹲踞式

這是最普通的跳遠技巧。當選手人還在空中、尚未落入沙坑前，就會先將他們的膝蓋舉到胸前。

投擲運動 THROWING

在田徑運動中，投擲項目的選手是較為強壯的。

投擲的四項賽事──標槍、鐵餅、鏈球和鉛球，都是基於一個簡單的規則：誰能將他們手中的物體投擲出去且拋得最遠，就能獲勝！除了力量，投擲選手還必須擁有速度，以及極具韌性的心理。

投擲是最古老的體育競賽之一，古代奧運與歷史悠久的蘇格蘭「高地運動會」，都有投擲比賽。

現代的投擲選手經訓練、調整後，能將物體扔得很遠。但相反的，像是現代標槍，反而經調整後，增加了投擲的難度。

標槍

是一種錐形矛，數百年來一直被當作武器，每小時速度可達100公里以上。

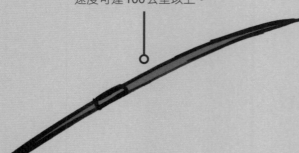

標槍 JAVELIN

標槍助跑道

長達30～33.8公尺的助跑道，可讓參賽者在擲標槍前增加動能。

失誤線

投擲選手在標槍落地前，都不能跨過這條弧形線。

標槍規則

● 運動員在用力擲出標槍前，會先在助跑道上快跑。

● 運動員必須待在投擲區內，不能跨越界線，否則會被判失敗、投擲無效。

● 標槍的金屬前端，必須先落在稱為「落地區」的扇形區域內。

擲手機比賽

由於行動電話的普及，2000年時，芬蘭發明了「擲手機」的比賽。參賽者必須投擲他們的手機，取勝關鍵則是距離和技術。手機的款式可以有很多種，但重量必須大於200公克。

鐵餅規則

● 選手用旋轉的方式累積速度和動能，盡可能將鐵餅丟得越遠越好。通常是轉一圈半後再投出鐵餅。

● 當選手踏出圓圈、掉落鐵餅，或將鐵餅落在落地區之外，都算失誤。

● 從鐵餅落地的最近痕跡，量到投擲區的內沿，就是投擲的距離。（延伸測量線必須通過投擲區的圓心）

手粉

運動員會將手粉擦在手上，以幫忙抓住鐵餅。

鐵餅 DISCUS

鐵餅

圓形鐵餅重達2公斤。

鐵餅投擲區

是直徑2.5公尺的圓形區域，通常還包括了鏈球投擲區.

鏈球規則

● 鏈球是一個很重的球連著一條長長的鋼鍊。

● 比起鐵餅比賽,運動員會在更大的場地來投擲鏈球。

● 就像擲鐵餅一樣,運動員會藉由旋轉增加速度,接著再用力投擲出去。

● 依規定,運動員必須在90秒內將鏈球丟出去才算數。

鏈球 HAMMER

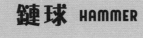

鏈球

是由一個實心的鐵球和鋼鏈組成,男子鏈球重達7公斤,女子鏈球則有4公斤。

旋轉

多數選手會先旋轉3～4圈再擲出鏈球;用右手投擲的選手,會以反時鐘方向旋轉。

鏈球投擲圈

鏈球投擲圈的直徑是2.135公尺,外圍則有安全網以保護旁觀者。

安全網

鏈球是最危險的運動之一,對裁判來說更是如此!安全網則可阻擋從錯誤方向擲出的鏈球。

3次決勝負

在所有投擲項目中,每名選手都有3次的試投機會,可將手中的器材盡力投出,並以3次試投中的最佳成績,決定是否進入決賽。參加決賽的選手又各有3次試投機會,並以其中一次最遠的紀錄來決定誰是冠軍。

鉛球

鉛球是由實心的鐵或黃銅做成,重量約為4～8公斤。

鉛球規則

● 鉛球實際上是「推擲」而非投擲,運動員藉由快速伸出他們的手臂,球會被推向空中。

● 運動員一開始會面向投擲區的後方,接著轉身面向前方,從頸部和肩膀間將重重的鉛球推出去。

● 如果運動員在鉛球落地前,腳就跨出投擲圈外,或是超過60秒才完成推擲,都算是失誤。

● 有些選手為了增加自身的動能,會在推擲前先旋轉。

鉛球 SHOT PUT

推擲

投擲者將球用手指握住而不是放在手掌上,再從頸邊將鉛球用力推出。

腿部動作

在開始旋轉前,選手會將一隻腳向後延伸抵著「抵趾板」。

鉛球投擲區

圓形的鉛球投擲區直徑是2.135公尺。

投擲小知識

○ 古希臘時的標槍選手是**坐在馬背上**比賽。

○ 標槍選手投出標槍的時速可達**100公里**,就跟行駛在公路上的車子一樣快。

○ 標槍在**1986年**時更改設計,從此無法投擲得太遠。這是因為過去標槍選手的投擲距離常超過100公尺,考量到運動場的安全,才不再採用舊式標槍。

○ 擲鐵餅在**古代奧運**是很有威望的比賽,運動員得展現準確度、協調性與爆發力。

○ 美國的鉛球運動員**羅伯‧蓋瑞特**(Robert Garrett)過去從未投擲過鐵餅,卻在1896年的第一屆現代奧運中贏得鐵餅冠軍。

○ 早期的鐵餅比賽,是在古代西歐的**凱爾特戰士**間進行,他們會從雙輪戰車上投擲輪子,後來則以丟一大塊圓石取代。16世紀時的一幅名畫,則有英國國王亨利八世正在投擲鏈球的情景。

○ 正式的鏈球比賽可以追溯到18世紀末蘇格蘭的**「高地運動會」**。直到今天,為了發揚蘇格蘭與凱爾特人的文化,高地運動會仍繼續舉辦著。

○ 男子鏈球在**1900年**巴黎奧運成為比賽項目,女子鏈球則在**2000年**雪梨奧運才開始舉行。

GYMN

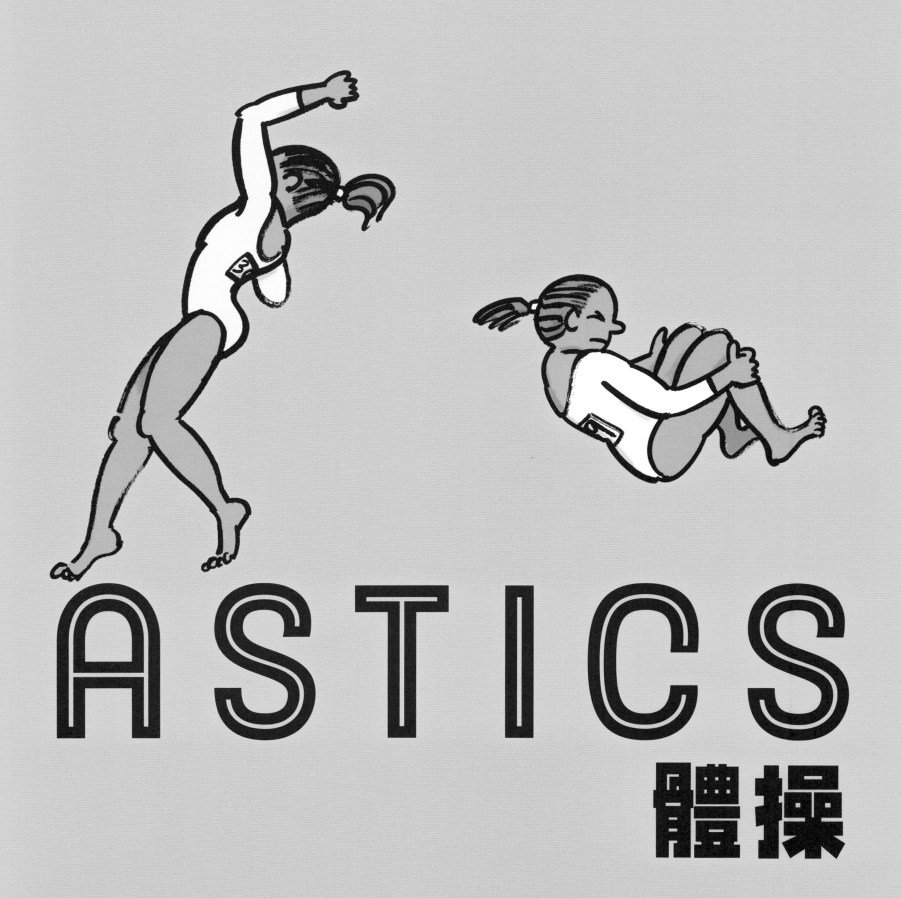

ASTICS 體操

自由體操 FLOOR EXERCISES

**這是最受歡迎的
體操項目之一，
整場比賽都伴隨著
熱烈的掌聲與讚嘆聲。**

參賽者會配合音樂，結合舞蹈和特技，表演一整套的指定動作來打動評審團，包括滾動、跳躍、轉體，以及令人驚嘆的騰翻等指定動作，都有一定的難度及不同風格的展現方式。參賽者必須精確的做出動作，並盡量利用全部的地板空間表演。

表演這些指定動作，可以展現參賽者的實力、技巧、敏捷度、優雅度與個人風格，誰能將指定動作表現得最好，就能得到最高分。

自由體操小知識

o 男子自由體操在1936年成為奧運的[比]賽項目，但女子自由體操則到1952[年]才列入。不同於女子的自由體操，[男]子項目通常**沒有音樂**。

o 現在的體操選手，必須年滿16歲才[能]參加奧運比賽。但在1997年以前，[有]些體操員參賽時只有**14歲**。

o 「蹦床」（trampolining）是另一項[也]能列入奧運體操比賽的項目。美國[航]空總署（NASA）的科學家發現，蹦[床]運動比慢跑多消耗**68%**的熱量。

o 西蒙・拜爾斯（Simone Biles）是現[今]美國得牌最多的體操選手，她在多[次]奧運與世界級的冠軍賽中，總計獲[得]**19面獎牌**。

自由體操規則

● 在12×12公尺的地板上表演。

● 選手的指定動作是由評審團評分，評分時會考慮困難度、藝術性、指定元素的表現與整體表演的品質。

● 女子自由體操個人賽指定動作的最長時間是90秒，男子則為60秒。

● 有些比賽是團隊賽，指定動作的最長時間則是2分30秒。

回歸基本

對所有的業餘自由體操選手來說，有六個基本動作要做好——前滾翻、後滾翻、倒立、橋型撐、下腰，和側翻。

音樂

參賽者和教練在比賽前會一起選擇音樂，選對音樂是非常重要的事。音樂必須反映體操員的個性，且可創造出爆發的能量，讓體操員能自然而然的展現技巧。

緊身衣

為了讓動作靈活、減少對動作的干擾，體操選手會穿著緊身衣。至於緊身衣（leotard）的命名則源自法國特技演員朱爾斯・萊奧塔爾（Jules Leotard），他在19世紀中期讓緊身衣開始風行。

評審

評分時會考慮整套動作與整體表現的困難度及藝術性。

姿勢

當體操選手表演跳躍時，腳趾必須維持伸直的姿勢。

地板

地板具有彈性，能幫助彈跳；奧運中的體操墊，則是邊長12公尺的正方形。

邊界線

畫在地板邊緣的線。

韻律體操 RHYTHMIC

韻律體操結合了自由體操、芭蕾及舞蹈。

個人組與5人以上的團體組，都能以自由的方式，或使用其一種手持器具，表演所有指定動作。

各人或團體的表演會持續2分30秒，評審委員會根據選手的技能、跳躍、平衡和旋轉動作，以及使用器具的表現來進行評分。

評審

韻律體操有3組評審，而其他體操只有2組評審。

彩帶

彩帶通常用在個人項目。使用彩帶表演指定動作時必須全程保持舞動，體操選手會用它來創造出優美的造型和花樣。

韻律體操小知識

○ 韻律體操的個人賽，在**1984年**洛杉磯奧運被列為比賽項目；團體賽則是在**1996年**亞特蘭大奧運才被列入。

○ 在奧運賽事中，有2個比賽只有**女子**可以參加：韻律體操和水中芭蕾。

○ 許多世界頂尖的體操選手，都是在3～4歲就開始訓練。

○ 表演指定動作時，如果手執器具不小心**斷了**或**卡在天花板上**，都必須繼續進行指定動作的表演，不能中斷。

○ 韻律體操雖然結合了芭蕾舞，卻嚴格規定選手必須穿著緊身衣。官方規則也更明定：**禁止選手穿芭蕾短裙。**

手執器具

手執器具有五種，分別是球、棒、圈、繩、彩帶。

球

直徑20公分的橡膠體操球，可以用來投擲、平衡、滾動……但體操選手不會一直拿著它。

棒

評審和觀眾都喜歡看這種造型像保齡球瓶的棒子拋接表演，每根棒子的重量至少150公克，萬一有失誤可能會打掉人的牙齒！

圈

有木圈或塑膠圈，可以用來拋和接。

繩

繩子可以用來纏繞身體或拋接，也可以兩手同時握住它來進行彈跳。

你能搞定它嗎？

每件手執器具都有不同的使用規則，這些規則也決定選手怎麼運用這些器具來表演指定動作。

競技體操 ARTISTIC

競技體操被公認是世界上最困難的運動。

競技體操分成五大類：鞍馬、吊環、橫槓、跳馬和平衡木，每一類的要求都很嚴格，而且操作各式器械也需要不同的技能。有些藝術體操適合男子參加，有些只有女子參與；部分競賽是個人項目，其他則是團隊項目。

競技體操通常會由2組評審來評分：一組評定指定動作是否確實，另一組則評定動作的難度。所有項目都以相同的方式給分：在器械上拿到最高分者獲勝。為了獲得好成績，選手必須具備強大的力量、體態、精準性，並勇於展現企圖心，盡力做出引人注目的指定動作。

吊環規則

● 此項限男子參加，以展現力量和平衡。

● 選手會將自己懸掛在吊環上，表演一連串擺動、屈伸、回環、轉肩、倒立和靜止用力等指定動作。做這些動作時，選手不能前後晃動吊環。

● 至少會有一個展現靜態力量的動作，像是「倒十字」，選手會在空中撐住自己、打直雙臂，需要強大的上半身力量才能完成。

● 精準的落地動作也算在評分標準中。

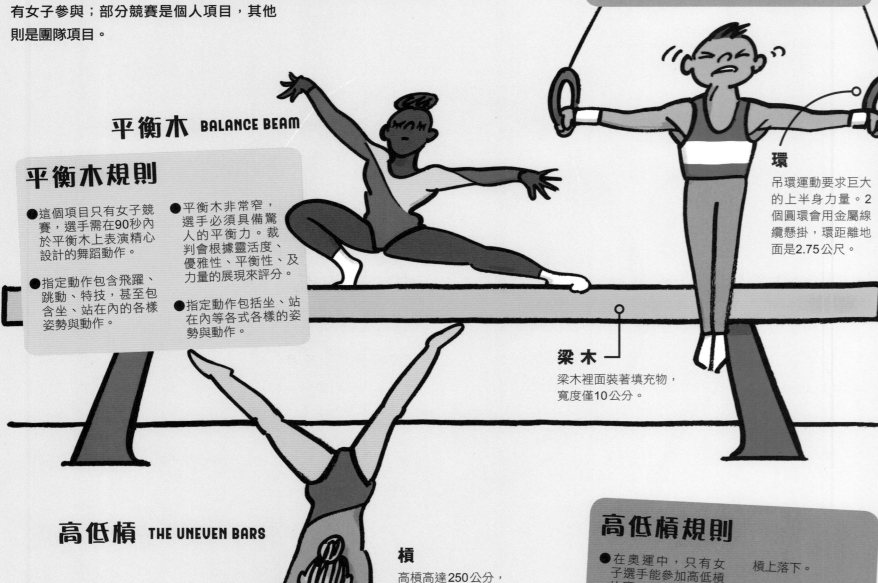

平衡木 BALANCE BEAM

平衡木規則

● 這個項目只有女子競賽，選手需在90秒內於平衡木上表演精心設計的舞蹈動作。

● 指定動作包含飛躍、跳動、特技，甚至是包含坐、站在內的各樣姿勢與動作。

● 平衡木非常窄，選手必須具備驚人的平衡力。裁判會根據靈活度、優雅性、平衡性、及力量的展現來評分。

● 指定動作包括坐、站在內等各式各樣的姿勢與動作。

環

吊環運動要求巨大的上半身力量。2個圓環會用金屬線纜懸掛，環距離地面是2.75公尺。

梁木

梁木裡面裝著填充物，寬度僅10公分。

高低槓 THE UNEVEN BARS

槓

高槓高達250公分，低槓則是170公分。

高低槓規則

● 在奧運中，只有女子選手能參加高低槓比賽，並且可以使用助跑踏板或跳板來上槓。

● 指定動作包括：高槓到低槓的相互飛躍、至少兩種不同的握槓方法，以及迴環、轉體、倒立和落地等動作。

● 不像男子單槓，女子選手通常不會被教練舉到槓上，除非是從槓上落下。

● 如果選手從槓上落下，她有30秒的時間調整握法或重新擦鎂粉，幫助自己重回槓上。

● 教練通常會在選手進行高度危險的動作時介入；如果看到選手快要掉下來，也可以抱住或阻止她落下。

槓的組合

男子選手有單槓和雙槓比賽，而女子選手僅有高低槓的項目。在雙槓比賽時，選手會表演一連串的擺盪、各式平衡，甚至是倒立。在單槓比賽中，觀眾將目睹大膽的轉體、空翻，以及令人驚嘆的落地做結尾。

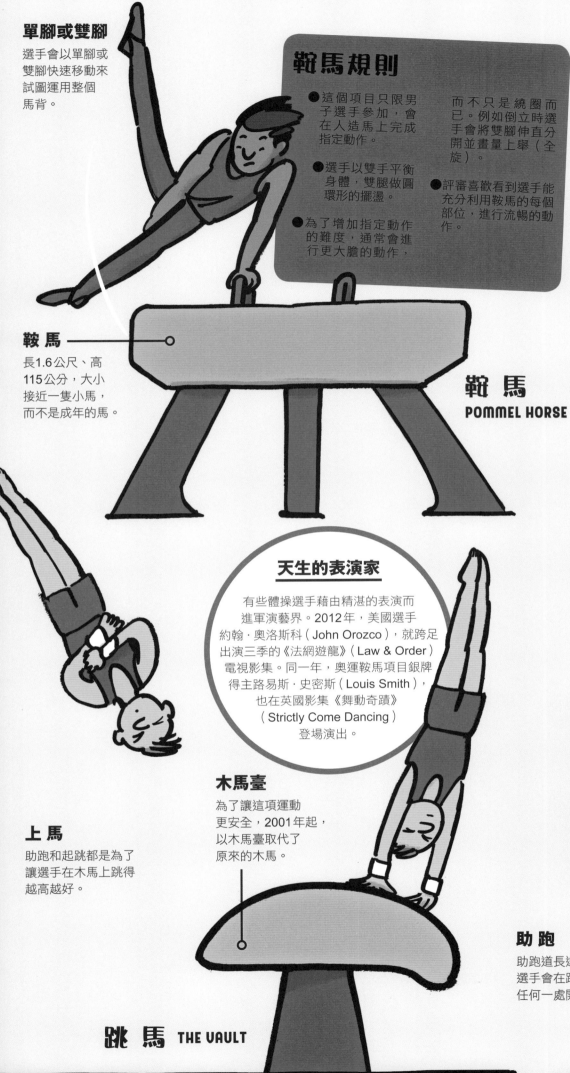

單腳或雙腳

選手會以單腳或雙腳快速移動來試圖運用整個馬背。

鞍馬規則

- 這個項目只限男子選手參加，會在人造馬上完成指定動作。

- 選手以雙手平衡身體，雙腿做圓環形的擺盪。

- 為了增加指定動作的難度，通常會進行更大膽的動作，而不只是繞圈而已。例如倒立時選手會將雙腳伸直分開並盡量上舉（全旋）。

- 評審喜歡看到選手能充分利用鞍馬的每個部位，進行流暢的動作。

鞍馬

長1.6公尺、高115公分，大小接近一隻小馬，而不是成年的馬。

鞍馬
POMMEL HORSE

天生的表演家

有些體操選手藉由精湛的表演而進軍演藝界。2012年，美國選手約翰·奧洛斯科（John Orozco），就跨足出演三季的《法網遊龍》（Law & Order）電視影集。同一年，奧運鞍馬項目銀牌得主路易斯·史密斯（Louis Smith），也在英國影集《舞動奇蹟》（Strictly Come Dancing）登場演出。

木馬臺

為了讓這項運動更安全，2001年起，以木馬臺取代了原來的木馬。

上馬

助跑和起跳都是為了讓選手在木馬上跳得越高越好。

跳馬　THE VAULT

助跑

助跑道長達25公尺，選手會在跑道上的任何一處開始助跑。

競技體操小知識

o 體操的英文「gymnastics」是從古希臘文「gymno」演進而來，意思是「打赤膊的地方」，因為古希臘人會打赤膊來表演體操。

o 鞍馬也是古希臘人設計出來的，可用來代替真馬練習上下馬背。

o 1811年，有「體操之父」美譽的德國體操教育家弗里德里希·路德維希·雅恩（Friedrich Ludwig Jahn），成立了全世界第一個體操俱樂部。

o 最常被使用的跳馬技巧，是前蘇聯女子選手納塔利婭·尤爾琴科（Natalia Yurchenko）發明的「尤爾琴科技巧」——當選手在助跑道或踏上起跳板預備時，都會先舉起雙手，好讓自己能在起跳後做出全空翻。

o 包括撐竿跳在內的部分田徑運動，曾因為運動員展現的優美動作，而被認為是體操項目。

o 有些體操選手同時專精數種項目，例如英國選手馬克斯·惠特洛克（Max Whitelock），就曾在2016年巴西奧運同時贏得自由體操和鞍馬雙料冠軍。

o 前蘇聯女子選手拉里莎·拉特尼娜（Larisa Latynina），是目前奧運史上不分性別、得牌最多的體操選手，曾獲得18面奧運獎牌，包含9面金牌、5面銀牌和4面銅牌。

跳馬規則

- 男子和女子選手都能參加這項運動。

- 跳馬是由助跑開始，會依據選手的身高、力量和短跑的速度，而有不同的助跑距離。接著選手會跳到起跳板上，再跳上跳馬臺，然後將自己撐在馬背上推進。

- 選手會在空中進行團身、曲體、空翻等動作，落在軟墊上時雙腳必須穩穩站立。

WATER

水上運動

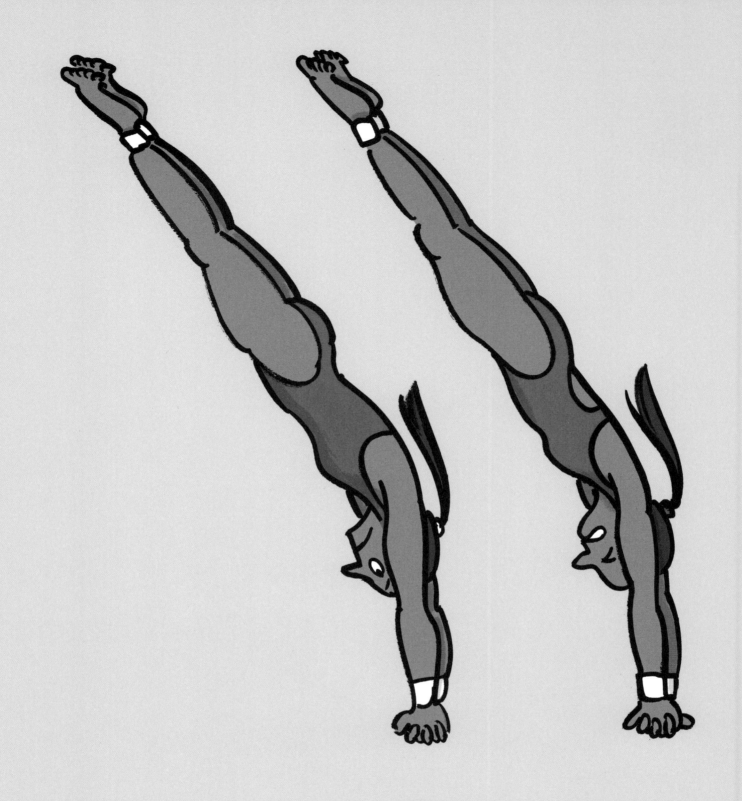

SPORTS

游泳 SWIMMING

游泳是世界上最受歡迎的休閒運動之一。

游泳自史前時代便是人類的主要嗜好，從古埃及壁畫史蹟來看，游泳的歷史已超過一萬年。在1830年代，游泳成為正式比賽項目。現在，全球游泳的人數高達數百萬，游泳場域遍及室內游泳池到戶外開放水域如湖泊、溪流等。

游泳比賽項目多元的程度令人驚奇，有各式各樣的泳姿、不同的距離、個人或團體賽的組合，但所有項目的選手目標都一致——在水中手腳並用，盡力以最快的速度前進。

游泳比賽的挑戰在於，短距離比賽要具備力量和爆發力，而長距離比賽必須擁有卓越的毅力，因此各式項目的游泳選手都有著超群的體能。

發令員口令

比賽即將開始時，發令員會下口令：「各就位」，接著發出高音量的出發信號，讓比賽正式開始。
如果選手在出發信號響起之前就出發，會立即被判出發犯規、取消比賽資格。
為了防止選手沒有聽到判決，會立即放下止泳繩，阻擋選手繼續前進。

姿勢檢查員
負責檢查所有選手以正確的泳姿進行比賽。

泳帽
選手佩戴能降低阻力的泳帽。

泳衣
男子選手通常穿著短版泳褲，女子選手則穿著包覆上半身的泳衣。

游泳規則

● 比賽從選手跳入水中開始計時，並依比賽項目採用不同泳姿，包括自由式、蛙式、蝶式或是仰式。

● 每位選手會被指定一條水道，比賽時不能偏離指定水道，否則將被取消比賽資格。

● 比賽距離若超過50公尺，選手必須在游完一趟時碰觸池壁的感應板，並轉身繼續游，直到完成指定的游泳距離。例如：在200公尺的比賽中，選手一共必須游四趟。

● 在接力賽時，4名選手必須輪流各游四分之一的賽程。

● 個人混合式規則有所不同，在200公尺的比賽中，選手必須「一趟一式」，在指定水道獨自游完全程。

● 此外，也有混合式接力賽：由4名選手接力，每位選手輪流一趟一式，在指定水道游完一趟。

各式各樣的泳姿

游泳主要有四種泳姿，除了混和式比賽包含不同泳姿外，所有選手在比賽中必須使用同一泳姿。

自由式

自由式原先是指選手可自由採用任何泳姿進行比賽，但選手幾乎一律採用捷式，因為這是所有泳姿中速度最快的，所以現在所說的「自由式」也就等於「捷式」。捷式的速度大部分來自於雙臂交替向前划水，同時配合雙腿快速淺打水。

游泳池

出發臺 ─●

止泳繩 ─○

○─ 仰式轉身標誌

泳鏡 ─
泳鏡可防止眼睛
接觸水與氯。

游泳小知識

○ 游泳在**1896年**被列入奧運的比賽項目，但女子游泳直到1912年才被列入。

○「泳渡英吉利海峽」的挑戰，一直以來大受游泳愛好者的歡迎。1875年，英國的**馬修・韋博船長（Captain Matthew Webb）**是達成挑戰的史上第一人。第一位挑戰成功的女性是美國的**傑楚德・伊德（Gertrude Ederle）**，她不僅在1926年挑戰成功，更打破當時泳渡英吉利海峽最短時間的紀錄。

○ **梅德斯通游泳俱樂部（Maidstone Swimming Club）**是現存歷史最悠久的游泳俱樂部，1944年設立於英國肯特郡，目的是要讓泳者從常發生溺水的危險水域「麥德威河」（River Medway），移到室內游泳。

○ 符合奧運標準的泳池長**50公尺**，能容納265萬～322萬公升的水，大概是一般運動中心泳池的兩倍大。

○ 美國游泳名將**麥可・菲爾普斯（Michael Phelps）**是奧運史上最成功、奪牌最多的運動員，共榮獲23面金牌，比次多的運動員至少多出14面。

○ 專業泳者往往是最投入、最勤奮的運動員，常常**一週訓練7天，每天5小時**。

○ 世界上最大的游泳池位於智利的海濱城市**阿爾加羅沃**，長達1013公尺。

仰式

仰式是唯一一種面朝上的泳姿，泳者將手臂交替往頭部後方划水，並配合雙腿快速淺打水，推動身體在水中前進。

蛙式

與捷式相同的是──蛙式的划水動作主要在選手身體前方。用蛙式游泳時，雙臂同時在胸前以畫圓圈的方式划水，雙腿則以類似青蛙的腿部動作來蹬水。雖然蛙式是公認速度最慢的泳姿，卻大受業餘泳者的喜愛。

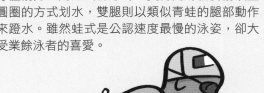

蝶式

蝶式可說是難度最高的泳姿。選手必須挺腰將雙臂露出水面向下划水，同時搭配腿部動作向前推進，還要能夠掌握精準時機、具備協調性，對體能的要求很高。

跳水 DIVING

挑戰勇氣的跳水，是世上最吸睛的運動比賽之一。

跳水選手必須強壯、體態優美且靈活。他們會從高達10公尺的跳臺躍入水中，同時做出大膽的動作。

首先，選手必須先站上跳水臺，以直立或倒立的姿勢起跳。有些比賽採用彈板起跳，可以輔助跳水者跳得更高、騰空的時間更久。

跳水選手會在身體開始下降時，表演一系列抱膝、旋轉、騰翻、轉體與其他大膽精巧的動作，最後盡可能順暢入水。

自19世紀中期，跳水即成為比賽項目，而歷史紀錄上第一場跳水比賽是在1871年舉行，當時的比賽要選手們從倫敦橋跳下泰晤士河。現今的跳水有單人比賽，也有兩人一組的雙人同步跳水比賽。

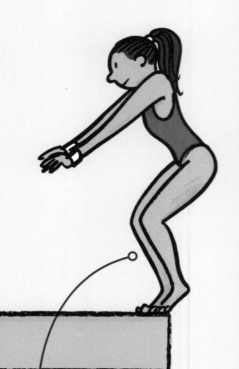

起跳

跳水者由跳水臺躍入水中，起跳動作可以是向前、向後或者倒立。通常起跳動作的難度係數很高。

懸崖跳水

懸崖跳水是極限版本的跳水運動，會在世界各地天然的懸崖舉辦，男子組的比賽高度在23～28公尺之間，女子組則介於18～23公尺，這樣的高度真是令人頭暈目眩。

懸崖跳水基本上與跳水類似，跳水者都要表演一系列高難度的動作。兩者間最主要的差別是，一般跳水是頭部先入水，但懸崖跳水高度相當高，為了跳水者的安全，因此腳先入水。

這種刺激的運動源自12世紀晚期的夏威夷——當時的戰士透過懸崖跳水來展現自己的勇氣。

空中動作

起跳後，跳水選手處於騰空的狀態，此時會開始表演一系列的動作。

轉　體

從起跳到入水前，選手會騰空表演許多轉體與旋轉動作。

評　審

評審團針對選手每一次的跳水評分。評審的數量會因比賽的規模而有所差異，在奧運等級的跳水賽事中，個人賽配置7名評審，雙人跳水則配置11名評審。

跳水小知識

○ 在1904年，男子跳水成為奧運比賽項目，當時一般稱為**花式跳水（Fancy Diving）**。女子跳水於1912年才加入奧運，而雙人跳水一直到2000年才成為奧運正式項目。

○ 1904年男子跳水成為奧運正式項目後，跳水在奧運首次亮相，當時包含了比「**距離**」的項目：跳入水中後，能在水裡滑行最遠（最久）的選手就能獲勝。

○ 在1988年的漢城（首爾）奧運會中，美國的**格雷格・洛加尼斯（Greg Louganis）**在進行跳板跳水第9跳時，一頭撞上跳板，最後卻奇蹟似的奪下一面奧運金牌！

○ 很多跳水選手本來是舞者或體操選手，因為這些運動需要的技術很類似，最大的差異在於跳水選手表演動作時，必須從**超高**的地方躍下。

○ **10公尺大概多高呢？**如果一頭一般體型的大象用後腳站立，身高大約是5公尺。想像一下兩頭大象疊羅漢有多高！

○ 跳水池大概5公尺深，深度是一般游泳池的兩倍以上。跳水者從10公尺高臺跳水時，入水的速度可高達**時速65公里**。

○ 自從跳水成為奧運正式項目後，美國幾乎稱霸所有跳水賽事。截至2016年的里約奧運，美國已經拿到**138面**跳水獎牌；位居第二的是中國，拿到69面。

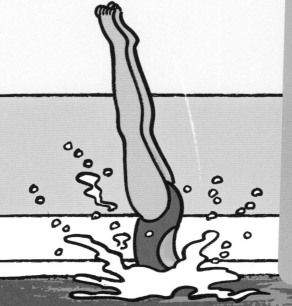

壓水花

當跳水選手入水的時候，濺起水花能緩和衝擊，但評審想看到的是簡潔流暢的入水，激起太大的水花會遭到扣分。

跳水規則

● 正式的跳水個人賽由7名評審評分，分數範圍為0分（失敗）到10分（極好）。

● 跳水滿分為10分，針對起跳、騰空、入水動作，各部分最高可以給3分，剩下的1分則評定整體動作執行的完善程度。

● 跳水選手會先設定每一跳的動作難度。

● 計分時，2個最高分與2個最低分不予採計，僅採計中間3名評審的分數後，再乘以動作的難度係數，最後算出總分。

● 雙人跳水的計分方式與個人跳水相同，只是評審的數量不同。

● 在比賽前，選手必須先繳交跳水動作表，正式跳水比賽時只能表演表上的動作，否則以0分計算。

● 跳水個人賽與雙人賽以總分最高者獲勝。

衝浪 SURFING

衝浪在許多方面已經不只是運動，而是一種生活形態。

衝浪者是十分敏捷的運動員，但是他們也同樣注重衝浪次文化——這種次文化影響了音樂、時尚以及藝術。

衝浪的魅力顯而易見：這項運動在充滿大自然之美的海邊進行，其中包含許多絕世美景。衝浪者會不惜路途遙遠到處旅行，去追尋他們最大的心願——站上最大的浪。

18世紀晚期被目擊在海上衝浪的古玻里尼西亞人，是最早進行這項運動的民族。現代的衝浪運動是站在衝浪板上越過浪頭，而且要能流暢的下浪。

上網

「衝浪」一詞的英文「surf」早已被其他領域挪用。例如，「上網」（surfing the internet）一詞，意為「在網路上閒逛」，於1992年首度出現，也就是全球資訊網發明後的第二年開始有這樣的說法。

風浪板 WIND SURFING

風浪板結合了衝浪的悠閒與帆船運動的嚴謹。風浪板與衝浪板外型相似，但在板上多架了一面帆，可以藉著風力達到時速90公里。

風浪板有多種款式，有些設計利於展現速度，有些利於展現特技，但是在奧運比賽中，所有選手必須使用同一款式的風浪板。

風浪板是一項新興運動，也是休閒活動，崛起於20世紀末。除了奧運外，還有各式各樣的風浪板比賽，例如競速賽以及花式賽，這些比賽能展現速度、靈活度和許多特技動作。

帆
風浪板的帆緊緊扣在板底，材質通常是透明的聚酯纖維薄膜。

腳套
腳套將選手固定在風浪板上。

船板
越輕的船板，越有利於進行特技動作。

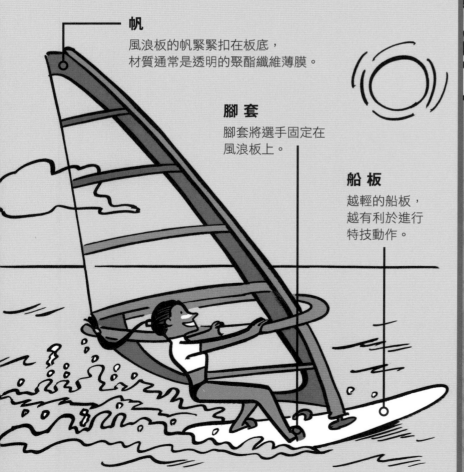

強韌的板芯
衝浪板的中心會貫穿一條堅硬的木條，可以讓板子更加強韌。

衝浪規則

● 在衝浪比賽中，衝浪選手必須表演一系列的動作，並由一群評審進行評分。

● 通常會有2～4名衝浪選手同時一起比賽。

● 得分的關鍵在於浪的難度（浪越大得分越高），以及選手們如何上浪──越接近浪頭得分越高；完成特技動作也會加分。

● 最終由得分最高者贏得比賽。

衝浪小知識

○ 史上第一次關於衝浪的記載，是1778年英國探險家詹姆斯‧庫克船長（Captain James Cook）在夏威夷見到有人在衝浪。

○ 衝浪者一般的站姿是左腳在前、右腳在後，但有些衝浪者採右腳在前、左腳在後的站姿，這種站姿被稱為「高飛（Goofy）」。

○ 你是不是夢想找一份衝浪的工作呢？你可以前往英國的普利莫斯大學攻讀衝浪科學與科技學位，這個課程是在1999年創辦的。

○ 巴拿馬的衝浪好手蓋瑞‧薩維德拉（Gary Saavedra）在2011年創下衝浪時間最長的世界紀錄，他在快艇造出的人造浪上，連續衝浪了3小時55分。

○ 美國衝浪好手格瑞特‧麥納瑪拉（Garrett McNamara）2013年創下站上最大浪的世界紀錄，當時的浪高達30公尺。

○ 衝浪從未被列為奧運的比賽項目，但將在2020年日本東京奧運時第一次成為比賽項目。

○ 雖然海洋通常是最受喜愛、也最可行的衝浪場所，但某些河流的回流所產生的浪，也大到可以進行衝浪，這種現象叫做「潮湧」。

板尾

衝浪板的最尾端稱為板尾。

手繩／腳繩

衝浪者會把手繩或腳繩繫在手腕或是腳踝上，以免跌落時板子隨浪漂走。

板頭

衝浪板的最前端就稱為「板頭」。

趴板衝浪

趴板衝浪與衝浪類似，差別在於衝浪者是趴著或單膝跪在板上追浪。趴板衝浪所用的衝浪板較小，一般稱為「布吉板」，呈長方形，板身尺寸大小不一，搭配衝浪者的身高與體重使用。

板面

衝浪板的正面稱為「板面」。

衝浪板

衝浪者可以選擇長板（可長達3.7公尺）或是短板（長約1.5公尺），常見的材質為聚苯乙烯或是玻璃纖維。

輕艇 CANOEING

輕艇不僅是一項刺激的運動，也是探索世界的絕佳方式。

輕艇分為加拿大式艇（又稱C艇）與愛斯基摩式艇（又稱K艇），兩者非常相似，最大的差別在於船身以及船槳的樣式。主要賽事分為兩大類——激流標竿賽與靜水競速賽。激流標竿賽通常在人造水道舉行，選手必須控制船艇，在人造激流的阻力下，沿著水道通過一道道以標竿設置的水門。

靜水競速賽通常在比較平靜、和緩的水道進行，不過船速很快，選手們經常得在瞬息之間正面對決。

輕艇小知識

O 愛斯基摩式艇的英文「Kayak」，字義「獵人之舟」，是因紐特人與阿留申□為了打獵而發明。

O 最原始的愛斯基摩式艇，是以原木或魚骨做船身骨架，再以獸皮（最常用是海豹皮）縫製而成。

O 過去，輕艇經證實是一種有效的軍事□技。二次世界大戰期間，英國特種部□以輕艇展開突擊；至今美國海軍陸戰□與英國突擊隊仍採用此戰技。

O 1932年德國輕艇好手奧斯卡·斯柏□（Oskar Speck）從家鄉划向賽普勒斯□花了7年時間完成這趟8萬公里的旅程□

O 自從1936年奧運將輕艇列為比賽項□後，奪牌數最多的國家是德國，共□70面獎牌，與第二名差了18面獎牌□

水門
在激流標竿賽中，選手必須穿越水道中所有的水門。

裁判
裁判必須確認所有選手是否正確的通過所有水門。

加拿大式艇
選手通常以跪姿進行比賽。

風險
進行激流標竿賽時，水道各處散布著許多風險因子。

槳
愛斯基摩式艇使用單桿雙槳葉；加拿大式艇為單槳葉。

輕艇規則

● 輕艇有許多比賽項目，各項目以特定的字母與數字來代表輕艇類別和選手人數。例如：C1指的是C艇個人賽，K2則是K艇雙人賽。

● 靜水競速賽的距離分為200、500與1,000公尺三種，最快抵達終點線的選手獲勝。

● 激流標竿賽則不同，選手要與時間賽跑，每位選手有2次機會爭取以最短時間完成水道，完賽時間最短的選手則獲勝。

水球 WATER POLO

水球運動是獨一無二的！

水球運動結合了籃球與橄欖球的特質，但從名稱就能看出來，它是一種水中運動。

水球步調快，是一項緊張刺激、競爭激烈、需要高度體能的運動。選手們必須具備四種基本技能——游泳、長時間踩水、精準傳球與犀利的射門能力。

水球是最早列入奧運的比賽項目之一，也是奧運史上第一項團體運動。這項運動是在19世紀晚期，由一位蘇格蘭游泳教練與新聞記者威廉·威爾森（William Wilson）發明的，現今已在歐洲、美國、巴西、中國、加拿大與澳洲普及。

水球小知識

○ 水球運動剛發明時，與**橄欖球**運動規則極為相似；得分方式就像橄欖球的觸地得分，必須讓球碰到對方的池面。而現今的水球比賽，則是要把球射進對方的球門才算得分。

○ 美國早期的水球比賽允許運動員**將對手抓住**，甚至壓入水中！

○ 英國皇室**威廉王子**熱愛水球，曾在就讀蘇格蘭聖安德魯大學時，入選為蘇格蘭國立大學代表隊，而蘇格蘭正是水球的起源地！

○ 優秀的守門員可將進球率壓低在**30%**左右。在水球隊中，守門員被視為最重要的角色，因為在每場比賽中，守門員可能要攔截30個左右的射門。

球門
寬3公尺、
高90公分。

球
使用防水材質製成，
男子組比女子組的用球更大。

水球規則

● 每隊共有1名守門員與6名隊員，隊員分成防守與進攻位置。

● 每場比賽共四節，每節8分鐘，比賽中選手必須不斷游動。

● 擁有球權的一方必須在30秒內射門，否則由另一方獲得球權。

● 隊員們藉由不斷傳接球，試圖突破對方守門員的防線，達成射門得分。

● 比賽結束時，射門得分數最多的隊伍獲勝。若延長賽後仍然平手，則輪流進行點球決定勝負。

水池
水池的長寬可以是20×10公尺
或是30×20公尺，全池深度必
須至少1.8公尺。

水球帽
兩隊選手必須戴不同顏色的水球帽，
但雙方守門員固定戴紅色水球帽。

划船 ROWING

划船是世界上最古老的體育競賽之一。

划船源自古埃及，是1896年第一屆現代奧運的比賽項目之一。現今共有**14**個划船比賽項目，是划船選手較勁的舞臺。

選手的目標非常簡單：努力操槳划船，搶先衝過終點線。比賽時，每艘船必須在指定的船道上前進。

選手可以選擇個人賽或是加入船隊。一個船隊由**2～9**人組成，船隊成員一定要同心協力、團結一致，因此，戰術與策略就和強大的體能與力量一樣重要。

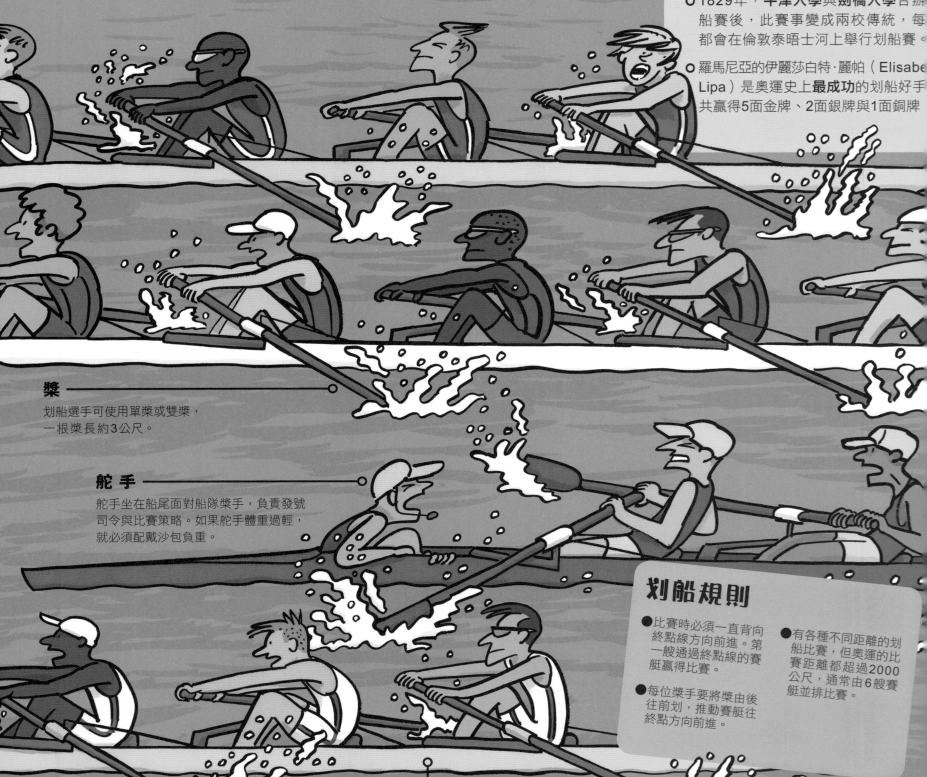

槳 ————————————○
划船選手可使用單槳或雙槳，一根槳長約3公尺。

舵手 ————————————○
舵手坐在船尾面對船隊槳手，負責發號司令與比賽策略。如果舵手體重過輕，就必須配戴沙包負重。

船體 ————————————○
船體材質為碳纖維，重約90公斤，能乘載將近二十倍的重量。

划船規則

● 比賽時必須一直背向終點線方向前進。第一艘通過終點線的賽艇贏得比賽。

● 每位槳手要將槳由後往前划，推動賽艇往終點方向前進。

● 有各種不同距離的划船比賽，但奧運的比賽距離都超過2000公尺，通常由6艘賽艇並排比賽。

帆船 SAILING

帆船對於航行技術、心智強度與耐力都是嚴苛的考驗。

帆船賽事可以在開放的海面上進行，也可以就近在岸邊標記的水道上進行。

帆船賽有個人賽及團體賽等項目，可選擇的船型很多，其中雷射型帆船在主要賽事中最受歡迎，而越洋賽則偏好採用較大的船型，以面對洶湧的大海。

帆船比賽有兩種形式，一種是集體出發的「船隊比賽」，另一種是2條船1對1的「對抗賽」。奧運中的帆船比賽，都是採用「船隊比賽」的方式。

在大海比賽的帆船選手必須仰賴風力等自然力量推動帆船，常常得迎頭面對最殘酷的天況。

帆船小知識

○ 許多帆船好手都有成功航行全世界的經驗，其中法國單人駕帆船**環遊世界**的歷史享有盛名。目前的世界紀錄保持者是法國的湯瑪斯·科維里（Thomas Coville），他僅花49天3小時7分38秒就完成了。

○ 2010年7月，紐西蘭的羅拉·德克爾（Laura Dekker）在16歲時寫下**最年輕**完成單人駕帆船環遊世界的紀錄。

○ 2012年11月，澳洲的保羅·拉森（Paul Larsen）駕駛他的風帆火箭2號，以65.45節（時速121.2公里）創下**競速帆船**的最快紀錄。

○ 水翼帆船（Hydrofoil）速度更快，船體下方設有像翅膀一樣的水翼，讓速度可以達到風速的一倍。

桅杆
帆船的帆就架在這根堅固的長柱上。

船帆
所有帆船都有主帆，有些船的主帆前還有一面較小的三角帆，以提升船的穩定度。

船殼
防水的船殼是船的主體。

舵
舵可以左右移動，用來操控船的方向。

帆船規則

● 每場比賽都以浮標標出水道，最快通過終點線的帆船獲勝。

● 雖然選手努力預防，但比賽時還是難免會發生帆船互相碰撞。

● 比賽中違例會遭到處罰。參賽選手如果發現其他選手違例，可以舉起紅旗來舉發。

● 在帆船比賽中必須遵守規範，例如：就算會損耗自己的時間，帆船選手也必須前去救援身陷危險的競爭對手。

MOTOR

SPORTS
動力運動

一級方程式賽車 FORMULA 1

簡稱「F1」的一級方程式賽車，是所有動力運動當中的巔峰。

「方程式」指的是「規則」，比賽中採用單座的開輪式賽車。也有各種其他形式的方程式賽車，如二級方程式和三級方程式，但仍以華麗炫目、資金雄厚的一級方程式賽車最受歡迎，其中無論是比賽用車或是車手的技能都叫人驚艷。

各團隊會投注上億元的資金，為的就是要打造更快、更可靠、技術更先進的賽車，以贏得F1的最大獎項「世界錦標賽」。這些賽車在賽道上的時速超過324公里，為上百萬名愛好者帶來血脈賁張的感官享受。

自從1906年在法國舉行了史上第一場一級方程式賽車以來，F1持續不斷發展和突破極限，這是其他運動無法企及的。

一級方程式賽車規則

● 比賽由車手互相競爭，每個車隊會派出2名車手來參賽。

● 先沿著環形賽道開完所需圈數的車手，就贏得比賽。

● 車手依據在比賽中完成的賽段獲得積分。當賽季結束時，得分最多的車手便獲得世界冠軍；而旗下車手總積分最高的車隊，便成為世界車隊冠軍。

● 比賽為期3天，其中包括練習、排位賽和決賽。

● 決賽時起跑的位置，是依照排位賽的比賽結果排列的。

● 在比賽期間，車手可以停在賽道上各處的維修站加油、換輪胎或進行維修。

星光熠熠摩納哥

摩納哥大獎賽（Monaco Grand Prix）可能是整個F1賽程中最負盛名的比賽。這個美麗小國——摩納哥狹窄多彎的街道就是賽道，然而比賽本身並不一定特別精采刺激，但賽場外的名流富豪們反而形成更令人讚嘆的風景。他們每年都會湧向摩納哥，在這個迷人的地方體驗賽車，更有人是待在散布於賽道四周海面上的超級遊艇裡觀看比賽。其中某些遊艇的價格超過新臺幣24億元，如果你想租用一週，可能得花大約新臺幣395萬元的租金！

安全帽

車手一定要戴上安全帽，它非常堅硬、經測試能承受攝氏800度的高溫，可以在碰撞中、車體殘骸飛散時保護車手頭部。

方向盤

F1賽車的方向盤非常貴，約為新臺幣79萬元，上面有許多控制按鈕，與普通的方向盤完全不同！

技術人員

在維修站等待進行維修、更換輪胎和加油。

賽道

每條賽道都有獨特的地形特色。某些賽道（如摩納哥大獎賽）是公共道路，也有些是專為賽車而設。

尾翼

尾翼能將車往下壓、增加輪胎的抓地力，幫助車輛在高速之下轉彎。

排名積分

每年有10支車隊參賽，每支車隊有2輛車參加大獎賽，也就是共有20名車手一起比賽。比賽的前10名可獲得積分，各排名能獲得的積分如下：

排名：	積分：
1	25
2	18
3	15
4	12
5	10
6	8
7	6
8	4
9	2
10	1

一級方程式賽車小知識

○ 打造一輛賽車大約需要8萬個零件，而一輛F1賽車的平均成本約為新臺幣4億7000萬。此外，賽季期間還會花費上億的費用，持續研發新的賽車科技。

○ 史上最短的F1車手職涯長度只有**800公尺**！1993年，馬可·阿皮契拉（Marco Apicella）在比賽剛開始就被捲入車輛追撞意外，之後不得不退休。

○ 哥倫比亞車手胡安·帕布羅·蒙托亞（Juan Pablo Montoya）是F1史上**最快圈速**的紀錄保持者。在2004年意大利大獎賽的預選賽中，他以高達262.2公里的平均時速打破了賽道紀錄。一年後在同一條賽道上，他的時速更是再次打破自己的紀錄——達到每小時372.6公里！

○ 傳奇德國車手**麥可·舒馬赫**（**Michael Schumacher**）的紀錄驚人，他曾贏得7次世界冠軍，其中包括2000-2004年賽季的5連冠。

○ **英國**是目前F1史上戰績最佳的國家，共有10名不同的車手奪下16個世界冠軍。路易斯·漢米爾頓（Lewis Hamilton）是當今最優秀的英國車手。

○ 雖然賽車是坐著比賽，但在比賽時，車手平均會減少約**4公斤**的水分，所以有很長的吸管接到車手的安全帽裡，車手只要按下車內的「飲水」按鈕，就可以喝到飲料。

懸吊

賽車的懸吊系統由碳纖維製成，可將發動機的動力和機翼的下壓力轉化為速度。

輪胎

依照賽道表面、氣溫與天氣狀況使用不同的輪胎。

拉力賽 RALLY DRIVING

在所有動力運動當中，拉力賽車手可能是最具勇氣、技術最高超的運動員。

世界各地都有拉力賽，車手在高速之下，可能還得面臨崎嶇不平的越野賽道，以及沙漠、甚至是冰天雪地等險惡的地形！由於汽車拉力賽的變幻莫測，使它成為一項精采絕倫的觀賞性運動，吸引粉絲蜂湧而至觀賽。

自1922年在蒙地卡羅首度舉行以來，拉力賽越來越受歡迎，而「世界拉力錦標賽」是這項運動的最大賽事，從1973年開始每年都會舉辦，並且在全球超過18個國家播出，觀眾人數約為8億。

拉力賽小知識

○ 拉力賽賽車大部分是用一般車來改裝才能在**極端地形**上奔馳，不過也必須規定改裝才能合法上路。

○ 比賽開始之後，所有**維修**都必須由駕駛和領航員來執行。

○ 發明拉力賽的**法國人**，近年來一稱霸這項運動。塞巴斯蒂安・勒（Sébastien Loeb）在2004至2012間，寫下世界錦標賽冠軍9連霸的紀錄，而他的同胞塞巴斯蒂安・奧吉（Sébastien Ogier）則在2013至20年間奪冠。

○ **福斯汽車**和**雪鐵龍**兩家車廠經營的隊，是目前最成功的拉力賽車隊。

領航員

比賽前，領航員會測試賽道並製作路書，用來向駕駛提示彎道、路況等比賽資訊。領航員常常全神專注在路書上，無法往窗外看，只能憑感覺判斷自己在賽段的哪個地方。

輪胎

會配合地形更換輪胎。例如在雪地或冰上，就會需要抓地力更強的輪胎。

擾流板

車後的擾流板配合空氣動力學，能幫助車輛跑得更快。

變速箱

大部分拉力賽賽車都配備了六速變速箱。

引擎

引擎通常裝有渦輪增壓器，會吸入空氣，以獲得更大馬力。

拉力賽規則

● 與其他動力運動不同的是，汽車不會在環形賽道上互相競爭，而是對抗時間。比賽以檢查點分為數個賽段，目標是在最短時間內到達每個檢查點。最快完成整條賽道的人即為冠軍。

● 賽道中也有不計時的賽段，車輛必須通過這些路段，到達計時賽段的起點。

● 在每場比賽之前，每輛賽車都會在賽道上進行兩次練習：第一

次是給領航員做筆記用的；第二次則用來讓領航員向駕駛讀出路書，稱為「偵察」。

● 前10名最快的車手可獲得積分。賽季結束時，積分最多的車手將贏得世界冠軍。

● 車手代表車隊參賽（通常每支車隊有2輛車），賽季結束時，積分最多的車隊便贏得車隊冠軍。

摩托車賽車 MOTORCYCLE RACING

少有運動像摩托車賽車一樣危險。

摩托車賽車有許多形式,但世界摩托車錦標賽(Grand Prix motorcycle racing,簡稱MotoGP)是其中最重要、最受歡迎的賽事。GP級摩托車是特製的賽車,而且常常只是設計的原型,製造商藉此機會挑戰極限、試用新技術。比賽中,車手們只靠2個輪子,就衝出高達325公里以上的時速!

輪胎

寬度可達15公分,
以幫助摩托車抓住軌道。

安全帽

這是最重要的安全設備,
能保護車手的頭部,上面
配有護目鏡。

引擎

在Moto GP中,
引擎排氣量介於
125cc～1000cc之間,
而超級摩托車的引擎排氣量
則在800cc～1200cc之間。

服裝

皮革服裝能保護車手的身體,
並配有護膝,因為在摩托車俯
身轉彎時,車手經常會被賽道
刮傷膝蓋。

摩托車賽車小知識

○ 公共道路上不允許騎乘GP級摩托車,它們只能在**特殊賽道**上比賽。

○ 史上第一場摩托車比賽發生在**1897年**,地點在倫敦里奇蒙的辛莊園,距離為1.6公里。

○ 川崎是世界領先的摩托車製造商之一,他們也製造太空船,1962年才開始製造摩托車以推廣品牌。

○ 在世界摩托車錦標賽中,摩托車的平均時速約為**160公里**。

○ 杜卡迪(Ducati)是目前最成功的超級摩托車製造商。他們自家車廠的車隊,贏了最多世界錦標賽冠軍。

超級摩托車 SUPERBIKES

超級摩托車比賽是另一種熱門的摩托車比賽。超級摩托車是經過高度改裝的摩托車,比在路上看到的摩托車強大多了。這項運動不如世界摩托車錦標賽那樣受賽車迷歡迎,卻大受製造商的喜愛,因為它能幫助推廣、銷售他們的產品!

摩托車賽車規則

● 比賽開始時,車手會根據他們在排位賽中的表現排序,最快的車手排在最前面。

● 在比賽中,車手要沿著環形賽道跑完預定的圈數,最先完成者獲勝。

● 比賽用的摩托車由不同製造商打造,但參加各比賽項目的摩托車必須符合該項目嚴格的規定,如引擎種類、重量與油量等。

● 世界摩托車錦標賽所規範的引擎排氣量為1000cc。此外,另有2個級別的比賽使用較小的引擎:Moto2(600cc)和Moto3(250cc)。

越野摩托車 MOTOCROSS

**簡稱「MX」的越野摩托車，
是在越野賽道進行，
車手在比賽中要挑戰跳躍、
下墜和突破其他障礙。**

越野摩托車車手會騎乘專門設計的摩托車，來應對變化多端的地形。

自20世紀初以來，這項運動便一直以不同形式存在著，從最初英國的摩托車計時賽（又稱「爭奪戰」）一路演變而來。隨著這項運動變得越來越先進，比賽用的摩托車也一路進化，設計上不但得要應付草地、礫石或泥漿賽道，還要達成車手的需求——能在高速之下跳躍，搶先通過終點線。

快拆式護目鏡

車手護目鏡上的塑膠壓膜，可以在比賽中弄髒時撕掉，露出底下乾淨的壓膜，使車手視線保持清晰。

護具

車手穿著有護胸的護甲衣、護頸、護膝及護肘等護具。

輪胎

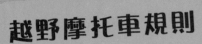

凹凸不平的輪胎能幫助越野摩托車抓住賽道。

避震器

當越野摩托車著陸時，避震器是保護車手和車身的重要角色。

越野摩托車規則

- 有四種不同的越野摩托車比賽，其中最大型的是世界越野摩托車錦標賽。

- 比賽開始前，所有車手在跑門內就位，比賽正式開始時會開啟柵欄。

- 比賽長度為30分鐘加上2圈，會依據比賽結束時車手完成的位置給予積分。獲勝者得25分，第二名得22分，第三名得20分。

沙地摩托車

沙地摩托車是動力運動中的一大奇觀。與越野摩托車賽一樣，比賽在橢圓形的越野賽道上進行，兩者主要差別在於沙地摩托車沒有配備煞車！車手以驚人的速度環繞賽道，完成指定圈數。賽車中某些最駭人的受傷事件，就發生在沙地摩托車賽中。

越野摩托車小知識

○ 花式越野摩托車（FMX）和空中飛〔（或稱「技巧賽」），是由越野摩〔（MX）衍生的比賽，車手要進行跳與特技，力求驚艷評審。

○ 有一種越野摩托車在傳統路面賽道上賽，稱為「滑胎車」（supermoto）。

○ 美國越野摩托車賽之父愛迪生·〔（Edison Dye）在**1960年代**將這項動引進美國。

○ 特技摩托車手羅比·麥迪森（Robb〔 Maddison）是空中飛越**最遠距離**的〔錄保持人。

摩托艇比賽 POWERBOAT RACING

能激發腎上腺素的超高速摩托艇比賽，是世界上最獨特的景致之一。

摩托艇比賽是水上運動和動力運動的結合，比賽可在離岸或近岸舉行，快艇速度高達時速250公里以上。

這項運動起源於20世紀初的英國，但很快就橫跨大西洋，在美國也流行了起來。史上第一場摩托艇比賽在1904年舉辦，場地是從英格蘭東海岸駛往法國加萊；不過，現在比賽距離通常要短得多，並在特別標示的水面賽道上進行，讓運動迷更能投入比賽。

摩托艇小知識

- 第一場摩托艇比賽發生在1904年。不過在非正式紀錄上，這項運動起始於1863年，當時法國人尚·勒諾瓦（Jea Lenoir）為他的小船裝上引擎。

- 1978年，澳洲的肯尼斯·沃比（Kenneth Warby）用他的水上飛機「澳洲精神」（Spirit of Australia）創下時速高達**510公里**的水上速度紀錄。

- 離岸海上冒險盃（Venture Offshore Cup）被認為是世界上**最艱難**的摩托艇比賽。

- 2013年，**冒險盃（Venture Cup）**參賽者駛了965公里——從英國的考斯到摩納哥的蒙地卡羅。

摩托艇

一級摩托艇可長達14公尺，重量至少要有4950公斤。在過去，事故很常見，因為木船無法應付高速；不過，現今的碳纖維艇安全多了。

船殼

船殼使用碳纖維與克維拉纖維材質，讓船能掠過水面，進而增加船速。

座艙

賽手座艙附有一個安全氣囊和安全帶，以保護賽手安全。方向盤和油門通常設計成在碰撞時會從船體分離。

摩托艇規則

- 近岸摩托艇比賽中，船隻不互相競速，而是與時間賽跑。在最短時間內完成賽道的人就是優勝者。

- 一年一度的一級方程式摩托艇世界錦標賽被認為是競爭最激烈的比賽，分為近岸和離岸的比賽。

- 在近岸比賽中，可以看到摩托艇在水面賽道上互相較勁。

- 自1981年創始以來，一級方程式摩托艇世界錦標賽的近岸項目每年都會舉辦，大約有20名賽手參賽。

- 在一級方程式摩托艇世界錦標賽中，依據賽手在比賽結束時的位置給予積分，賽手在整個賽季中累積積分。一場比賽長度為45分鐘。

TARGET

標範運動

SPORTS

高爾夫 GOLF

高爾夫是一種簡單易學的運動，但它可能也是最難精通的。

高爾夫球員需要高度的耐心和無可挑剔的技術，這些都需要花費時間來磨練。即使是世界上最優秀的高爾夫球員，還是要定期進修呢！

雖然許多國家都自稱發明了這項運動，但是現代的高爾夫運動起源於15世紀的蘇格蘭，當時的規則幾乎完全保留至今。在做了標記的球場上，高爾夫球員使用各式各樣的球桿，盡可能以最少的擊球次數，將一顆小球擊進球場上一連串的球洞中。同時，他們還必須避免把球打進障礙區，譬如沙坑、河流和湖泊；如果把球打出界，球員將受到懲罰，並且得重新擊球……這意味著高爾夫球員需要身體和精神上的毅力！

高爾夫規則

● 大部分的比賽有9洞或18洞，距離皆以碼為單位。

● 每一洞都有基準桿數，稱為「標準桿」（PAR），指的是從開球到進洞所需的揮桿次數。大多數球洞都是4桿標準桿，不過也有一些3桿球洞和5桿球洞。

● 打出的桿數低於標準桿1桿稱為「小鳥」或是「博蒂」（birdie）；低於標準桿2桿稱為「老鷹」（eagle）；低於標準桿3桿被稱為信天翁（albatross）或雙鷹（double eagle）。

● 打出高於標準桿1桿稱為柏忌（bogey），而高於標準桿2桿稱為雙柏忌（double bogey）。

● 比賽通常是四輪，前二輪結束後會淘汰分數最差的選手。

亂草區／長草區
指包圍在球道邊，未經割草，長得最長的草。

高爾夫球鞋
鞋底帶有鞋釘，以增加在溼草地上的抓地力。

球童／桿弟
為高爾夫助理，攜帶高爾夫選手的球袋，幫助選手在比賽期間精準判斷需要使用哪些球桿。

與球桿同行

高爾夫球員的球袋裡最多可以攜帶14支球桿，不過大部分的球員只帶12支球桿，其中包括：3支木桿（1支發球桿、1支3號木桿和1支5號木桿），8支鐵桿（3號～9號鐵桿和1支劈起桿），以及1支推桿。球桿上的號碼代表了球桿頭的角度，而角度又決定了擊球的方向和距離。

鐵桿
通常用來把球打上果嶺，它有著薄薄的鐵製桿頭。

挖起桿
這種專門用途的鐵桿通常桿身較短，用來精準擊出短距離高吊球到果嶺上，或是把球打離障礙區。劈起桿也算在這大類的球桿內。

木桿
用來開球和打遠距離的球。雖然叫「木桿」，但常常是鐵製的。

推桿
推桿適合慢速的短距離擊球，用來在果嶺上把球打進洞。

高爾夫小知識

○ 第一份高爾夫的書面紀錄，來自於**1457年**蘇格蘭國王詹姆斯二世。他禁止高爾夫，因為他覺得這項運動讓他的軍隊無法專心於更重要的活動，比如說射箭。

○ 蘇格蘭女王瑪麗稱她的高爾夫助理為軍校生（cadets），這個名稱後來演變成為「**桿弟**」（**caddie**）。

○「**小鳥**」或「**博蒂**」（**birdie**）一詞，是美國人史密斯（AB Smith）在1899年發明的，當時他打出一記好球後喊道：「這球真是如鳥一般啊！」

○ 高爾夫的巔峰成就是**贏得一場大賽**。有四項大賽：英國公開賽、美國名人賽、美國公開賽和PGA錦標賽。

○ 世界上最著名的團體賽是每兩年舉辦一次的**萊德盃**（**Ryder Cup**），其中，來自歐洲和美國的團隊互相對決。

○ **一桿進洞**（hole-in-one）也就是第一桿就把球打進洞裡，在高爾夫球賽中相當罕見，但在1971年，25歲的約翰・哈德森（John Hudson）卻**連續兩次**一桿進洞。據說發生這種事的機率，比被閃電擊中還低！

○ 2006年，俄羅斯太空人米哈伊爾・圖林（Mikhail Tyurin）是第一個**在太空中**打高爾夫的人。

球

高爾夫球上充滿了凹坑，確切來說是336個凹坑！凹洞能讓球飛得又高又遠。

果嶺

球洞的所在地。

球洞

球洞寬僅10.8公分，所以球員必須非常精準。

高爾夫球場

開球臺

開球臺材質是由木頭或塑料製成，可以將高爾夫球在草地上托起來。

沙坑

障礙區之一，是充滿沙的坑洞。

水塘

球如果掉進水障礙，球員會受到處罰。

球道

草地修剪整齊的區域。

果嶺

果嶺邊緣

開球區

這個區域是打出第一球的地方，從這裡打出高遠球稱為「發球」（drive）。

亂草區／長草區

旗竿

旗竿標示出球洞的位置。

揮桿

職業高爾夫選手的揮桿速度可超過時速160公里。而且若是天氣越乾熱，球就飛得越遠！

射擊 SHOOTING

射擊考驗著準確度和膽量，比賽勝負常常取決於微小的差距。

射擊是一項歷史悠久的運動，於1850年代就已經在英國出現，目的是鼓勵志願者從軍。而美國人在南北戰爭時因擔憂槍法不佳，所以很快就接受了這項運動，現在射擊則成為他們最喜愛的消遣活動之一。

目前有多種菁英級射擊比賽，每種比賽使用的槍枝不同，在在展現了參賽者優異的技術。

自從1896年雅典的第一屆現代奧運會以來，射擊手就一直在比賽中大展身手。從那年起，射擊一直是每屆奧運的競賽項目（只有兩屆例外）。

射擊小知識

○ 1900年巴黎奧運中使用**活的鴿子**當作移動靶，之後以泥鴿取代。

○ 美國一直稱霸奧運的射擊比賽，共贏得**110面獎牌**，其中54面為金牌，遠勝其他國家。金牌數量第二多的是中國，有22面。

○ 一般的手槍重量通常不到1公斤，比一袋糖還輕。但是，可能需要強達5公斤的力量才能扣下扳機。

○ 有史以來**年紀最大**的奧運冠軍是一位射擊手。在1912年斯德哥爾摩奧運中，瑞典隊的一員奧斯卡·斯旺（Oscar Swahn）以64歲的高齡贏得金牌！

○ 匈牙利的卡樂里·塔卡斯（Karoly Takacs）在右手受傷後，學習用**左手**射擊。他成功克服困境，在1948年和1952年贏得金牌。

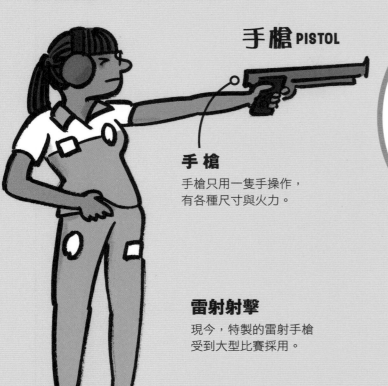

手槍 PISTOL

手槍
手槍只用一隻手操作，有各種尺寸與火力。

雷射射擊
現今，特製的雷射手槍受到大型比賽採用。

標靶
準確性和穩定的手是不可或缺的。
在奧運中，步槍和手槍分為10環，射中越接近中間靶心的部分，獲得積分越多。

瞄準目標

奧運射擊比賽根據不同的
距離和風格分成四大類。
有些比賽要從同一個位置射擊標靶，
有些比賽則要求射擊手一邊移動、
一邊從不同角度瞄準標靶。
射擊運動員要瞄準一個
非常小的標靶，並以準確性和
速度獲得評分。

散彈槍 SHOTGUN

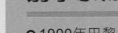

散彈槍
散彈槍賽事通常採用
12口徑的散彈槍。

散彈
散彈槍與步槍類似，不過它的子彈裡有許多小子彈，在射出後會噴射開來，稱為散彈。

飛靶

散彈槍比賽主要分為
定向飛靶和不定向飛靶。
飛靶是由機器發射，射擊運動員
必須迅速做出反應，試著擊中在
空中飛行的飛靶。

射擊眼鏡
射擊眼鏡能保護
運動員的眼睛。

步槍 RIFLE

槍管
步槍是一把帶有膛線槍管的長槍。10公尺步槍賽事使用空氣步槍，而50公尺的賽事使用長步槍。

射擊規則

● 射擊比賽中，依照準確性或速度為運動員評分。

● 射中越接近靶心的位置，得分越高。

● 射擊者距離目標多遠，會因不同賽事而異。奧運共有15項不同的射擊賽事。

● 比賽中會持續淘汰分數低的運動員，通常會有8名運動員參加決賽。

● 在最後一輪比賽中，累積最高分數的人就是冠軍。

飛鏢 DARTS

就算你不是體能優異的運動員，也能玩飛鏢。

畢竟，這遊戲可是起源於英國酒吧呢！但這並不代表它不需要高超的技能：心理韌性和完美的手眼協調能力，是所有飛鏢運動員都要具備的能力。

比賽中，由兩名飛鏢運動員互相競爭，他們投擲飛鏢到鏢靶上，盡可能搶先得到高分。鏢靶上，射中每個區域會得到不同分數，面積最小的區域分數最高。

許多人花了多年時間來精進射飛鏢的技巧，而現今的報酬相當可觀。從1970年代後期開始，大眾對這項比賽的興趣快速成長；現在，最優秀的飛鏢運動員可以賺取上千萬新臺幣的獎金。

飛鏢小知識

○ 有兩大主要飛鏢機構：職業飛鏢協會（PDC）和英國飛鏢組織（BDO）。

○ 世界飛鏢錦標賽（PDC）是世界上最受歡迎的飛鏢比賽，在倫敦的亞歷山德拉宮（Alexandra Palace）舉行，吸引成千上萬的飛鏢迷前往，其中有許多人還會扮裝呢！

○ 所有飛鏢手都有綽號。綽號為「力量」的英國人菲爾·泰勒（Phil 'THE POWER' Taylor），是有史以來最出色的飛鏢手，擁有16次世界冠軍的紀錄。

○ 「9鏢結」或「完美比賽」是指只射9支飛鏢就贏得一局。這是要通過501分競賽所能擲出的最少飛鏢數量，但是非常罕見。

飛鏢

鏢身由不同種類的金屬製成，能幫助運動員握住飛鏢，其上的鏢翼則有助於飛鏢飛行。

衣著

色彩鮮艷的上衣，是飛鏢運動員的招牌造型。

鏢靶

懸掛鏢靶時，標靶中心（紅心／牛眼）到地面的高度應為173公分。

飛鏢投擲線

飛鏢運動員必須站在投擲線後投擲。投擲線距離鏢靶平面為2.37公尺遠。

得分方式

外緣顯示的數值，表示飛鏢落在該區域時的得分。

飛鏢落在外圈的分數是基本分數的兩倍；如果落在中間環形內，分數是基本分數的三倍。

若射中最中心的圓圈——即紅心或牛眼（bullseye）——可獲得50分，而落在紅心外圈（即「外牛眼」或「單牛眼」）則得25分。

一輪三鏢的最高得分是180分，也就是連續三次擊中20分的三倍區。

二倍區

三倍區

紅心／牛眼

外牛眼／單牛眼

飛鏢規則

● 分為盤與局，要贏三盤才能贏得一局比賽。

● 一盤起始分數為501分，以倒扣的方法進行比賽，首先將積分減為0的選手獲勝。

● 積分達到0被稱為「結標」。最後一鏢必須射中二倍區。

● 如果選手投中某鏢後積分低於零，稱為「爆鏢」，在此情況下，分數會重置為在爆鏢前的狀態。

射箭 ARCHERY

人們使用弓箭已有數千年之久。

早在西元前1萬2000年左右,弓箭就已經被用來獵殺動物、做為戰爭武器。雖然槍枝發明後,弓箭的使用率迅速下降,但是射箭至今仍是一項受歡迎的運動。

在這項運動中,弓箭手將箭射向箭靶,依準確度得分。射箭需要穩定的手、如鷹一般銳利的眼睛,以及多年的練習以臻完美。

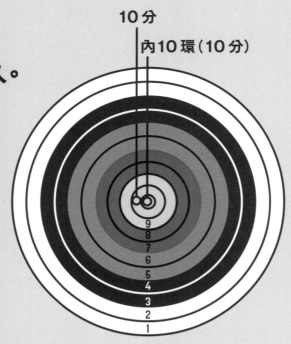

10 分
內10環(10分)

靶 心
命中靶心可得10分。

射箭小知識

○ 歷史上,英國軍隊都是技術嫻熟的弓箭手。1346年的**克雷西會戰**期間,英國的長弓手殺死了將近2000名法國士兵,本身卻只折損了50位戰士。

○ 有些英國君主**禁止其他體育**,就為了讓人民專心精進射箭技術,以便用於軍事作戰。

○ 在頂級的比賽中,箭的速度可以達到大約**時速240公里**!

○ 箭靶的中心圈直徑僅有**12.2公分**。弓箭手的位置離箭靶有70公尺遠,所以靶心看起來不比一個圖釘大。

瞄準器
這能幫助運動員瞄準目標。

弓
由木材或碳纖維製成。

箭
通常由鋁製成,放在叫做「箭囊」的袋子中。

射箭規則

● 弓箭手與箭靶相距70公尺。

● 得分方法很簡單:弓箭手根據箭落在靶上的位置得分。射中靶心可得最高分10分,離靶心越遠,分數越低。

● 每回比賽中,一人能射3或6支箭。一回結束時,會將單人射出的所有箭得分加總,得分最高者就是贏家。

● 團體比賽時,每人的得分會加總起來,成為團體總分。

● 在射箭之前,弓箭手必須看信號,在一定時限內將箭射出。

保齡球 TENPIN BOWLING

無論年齡或職業，大家都喜歡打保齡球。

保齡球的全名是「10瓶制保齡球」，大多數國家單純稱之為「保齡球」。打保齡球的方式，是讓一顆沉重的球滾動在木製球道上，利用球的滾動擊倒球瓶得分。

這項運動已經存在了數千年──考古學家曾在一個埃及兒童的墳墓裡發現一顆保齡球和一些球瓶，據信埋葬的時間是遠在西元前3400年。

現代保齡球的起源，可能來自古埃及和歐洲的各種其他形式。雖然從前歐洲的版本與現代版本有相似之處，但是現在我們打保齡球的方式，卻是由美國人發明的，他們也擁有多數世界上最好的保齡球員。這些球員擁有高超的技能，而最頂級的球員能夠巧妙的操控球，利用弧線和轉向，精準的將球瓶擊倒！

保齡球小知識

○ 保齡球在美國是**參與程度最高**的運動。

○ 在美國，這項運動的價值大約是**新臺幣1800億元**。

○ 世界上**最大的**保齡球場是稻澤大型保齡球中心（Inazawa Grand Bowling Center），有116個球道！

○ 一場保齡球比賽能取得的最高分是**300分**，也就是擊出10次的全倒，加上2次獎勵時擊出全倒。

○ 為擊出全倒，球員通常會將球瞄準**1號瓶**的邊緣，這麼一來，球只會直接擊中4個球瓶，後面的球瓶則是被前面的球瓶撞倒。

球溝
球溝在球道的兩側。若球沒有擲好會掉入球溝，只能拿到零分！

保齡球
保齡球面有3個手指洞，球有各種重量，依據球員的需要而定。最重的球是7.25公斤。

球瓶
球瓶排列成三角形，最前面的球瓶叫做1號瓶。

球道
材質為木製，並且會上保護漆。球道的寬度是1.05公尺，而從犯規線到1號球瓶的距離為18.26公尺。

高難度技術球
俗稱「開花」或「分瓶」的技術球，指開球後殘留兩個或以上彼此不相鄰的球瓶，這是保齡球最難解的技術球──特別是惡名昭彰的「蛇眼」，也就是開球後僅剩最左邊（7號）和最右邊（10號）球瓶的情況。若要成功解，球員可將球擊向後牆的球瓶，使其撞在另一支球瓶上。

犯規線
擲球時超過此線即為犯規。

鞋
保齡球員必須穿著特製的鞋子，以加強抓地力，並在球意外掉落時保護腳部。

保齡球規則
● 計分單位是局，每局共有10個計分格。每個計分格最多有2次投球的機會。若第一次投球就打倒全部球瓶，便是全倒（strike）；若第一次沒有全倒，而在第二次時擊中剩餘所有球瓶，便是補中（spare）。

● 以每局中被擊倒的球瓶數來計分，如果擊出全倒或補中，可以獲得獎勵。

● 如果擊出全倒，可以多丟2球，該格所得分數要加上後2球擊倒的瓶數。如果擊出補中，可以多丟1球，該格所得分數要加上後1球擊倒的瓶數。

司諾克 SNOOKER

司諾克或許看來簡單，但需要多年的練習才能達到完美。

多數司諾克明星球員在4歲時就開始練習了！主要目標是以長長的球桿擊出白色球（母球），使之撞在其他彩色球上，並讓彩色球掉進球桌上6個口袋之一，這被稱為入袋。聽起來很簡單吧？那你就大錯特錯囉！

球必須以正確的順序落袋，而且球員必須努力讓母球保持在良好位置，以利下一次的擊球。

除此之外，球桌很大，而球袋很小。這是對精準度最殘酷的終極考驗，一個小誤差可能就會對比賽的結果產生巨大的影響。因此，球員必須非常冷靜，有鋼鐵般的意志力，並且能夠承受持續的壓力。

D區

D型的開球區。開球前，選手將母球置於D區內任一點位置，讓主球擊中紅色球組。

撞球 POOL

撞球跟司諾克很像，但是球桌小很多。雖然撞球比較容易，但是比賽節奏較為快速、激烈。撞球運動分為兩種：8號球和9號球比賽。在8號球比賽中，每個球員要先讓自己的球（有圓點或條紋的球）入袋，最後再讓8號球（黑色球）入袋。在自己所有的球落袋之前，絕不能擊中對手的球，也不能擊中黑球。

司諾克規則

●比賽依規定分為數局，例如，世界錦標賽決賽為35局18勝。

●球員必須先讓15顆紅球全部入袋，且在每顆紅色球入袋時，要接著讓一顆彩色球入袋。在彩色球全數入袋後，要放回到檯面上依相同方式繼續進行，直到所有紅色球都入袋為止。

●在所有紅球入袋後，接著要按照黃、綠、棕、藍、粉、黑色球的順序，用母球擊打入袋。

●每當球員來到球桌，便是一桿球（break）的開始，可以連續擊球得分，直到沒有擊中球或犯規，才換邊進攻。當球員以一桿球一口氣拿下100分，就叫做「單桿過百」（century break）。

●一桿球的最高得分是147分，也就是所謂的「滿桿」。要達成滿桿，球員必須在一桿球中，每讓一顆紅球（1分）入袋後接著打進黑球（7分），之後又連續將其餘所有的彩色球入袋。

●犯規情況包括擊中錯誤的球，或用身體、衣服的一部分打到母球。犯規的球員會遭到分數處罰，在罕見的嚴重情況下，甚至會被判輸掉一局。

球袋

球桌四角以及兩長邊中間位置各有1個球洞，寬度只有8.6公分！

球桌

桌子有木腿，上方是由多片板子拼在一起組成的。

專業術語

吊球
因為球的阻礙，使得對手無法直接用主球打中要打的球，即稱為「被吊球」。解吊球的球員必須讓球撞到桌邊後反彈，或讓球繞過阻礙。

組合球
主球在擊中1顆球後，這顆球又使其它球入袋。

雙著
主球在一次擊球期間，碰撞2個目標球，通常用來讓球的布局更理想，使一桿球成績更好。

司諾克小知識

○ 據說司諾克是在1800年代後期，由在印度服役、感到無聊的英國軍官們所發明。內維爾·張伯倫爵士（Sir Neville Chamberlain，與英國前首相同名）被稱為**司諾克之父**。

○ 「snooker」這個英文名詞原是軍中用的俚語，意指沒有經驗的人。在張伯倫爵士像個初學者般未能將球擊入袋後，大家就稱這項運動「司諾克」。

○ 司諾克的頂級賽事「世界錦標賽」，每年都會在雪菲爾的**克魯斯堡劇院**舉行。

○ 蘇格蘭司諾克傳奇人物**史蒂芬·亨得利**（**Stephen Hendry**）是這項運動獲獎最多的人，擁有**7項**世界冠軍。

○ 1927年，喬·戴維斯（Joe Davis）贏得史上第一個世界冠軍，獎金只有**6英鎊10先令**。在那之後，司諾克一路發展篷勃：馬克·塞爾比（Mark Selby）贏得2017年世界冠軍時，拿到**375000英鎊**、折合新臺幣近**1500萬元**的獎金。

○ 1997年世界錦標賽上，綽號「火箭」的羅尼·奧蘇利文（'Rocket' Ronnie O' Sullivan）只在**5分20秒**內就完成滿桿，至今仍是有史以來最快的滿桿。

巧克粉
會塗在球桿頭上，以增強球桿和球之間的摩擦力。

球 桿
用來打母球的木桿，有各種尺寸。

球桌布
這塊綠布覆蓋著桌面和桌邊。

桌邊／顆星
桌子邊緣包覆著硫化橡膠。球員有時會選擇讓球從桌邊反彈，以解開吊球。

彩球的分數

每個彩球的分數都不同。

紅球1分

黃球2分

綠球3分

棕球4分

藍球5分

粉球6分

黑球7分

格鬥運動
SP**O**RTS

拳擊 BOXING

拳擊是用拳頭對打的運動。

拳擊是古老的運動，早在第一屆古代奧運就存在了。早期的拳擊比賽是赤手空拳，但自從1865年，英國訂下了「昆斯貝里拳擊比賽規則」（Marquess of Queensberry rules）後，便強制規定要戴手套；這項規則一直延續到現代的拳擊比賽。

拳擊手套不僅是為了安全上的考量，還能幫助拳擊手進行更多次的攻擊、增加擊倒的次數，並使這項運動更有娛樂性。

雖然現今的拳擊運動極有組織，能帶來數千萬元的商機，但它仍然是殘酷、讓人血脈賁張的運動。在比賽中，拳擊手會不斷試著用拳頭進攻對手的頭部和身體。

拳擊手也是體魄最強健、最訓練有素的運動員之一：在每次比賽前，他們必須接受令人筋疲力竭的訓練，內容包括高強度的運動與極度嚴格控制的飲食。有些拳擊手甚至會打不同的量級，就會需要更加極端的體能調整。

拳擊規則

● 拳擊比賽採用回合制。一般來說，頂級賽事有12回合，每回合3分鐘。

● 拳擊手試圖用拳頭在對手身上進行攻擊，同時阻擋並躲閃。

● 比賽中不得攻擊腰帶以下、腎臟與後腦部位。

● 比賽由一組臺下評判員以滿分10分為基準評分。在每回合比賽中，勝者可得10分，而落敗者得9分。當兩個拳擊手實力相當時，得分可為10-10；而實力懸殊的比賽得分為10-8。

● 比賽結束後，各拳擊手每回合的得分將累計，總分較高者獲勝。

● 選手也能以「擊倒」取勝。當裁判判定被擊倒的對手無法繼續比賽時，就會結束比賽。比賽時，如果選手在一回合中被擊倒3次，便為「技術擊倒」。

重量等級

拳擊依體重分成不同量級，拳擊手只能和體重相似的對手對打。例如，蠅量級拳擊手的體重不能超過49公斤，而重量級選手的體重可達90公斤。雙方在比賽前要「量體重」，以確認體重符合要求。

評判員

為比賽判定得分。

基本拳法

拳擊手以其場上的風格聞名。有三種基本風格：遠距型拳手（boxer），特色是步法花俏，偏好使用快速刺拳；重炮手（slugger），他們較缺乏技巧，但能以力量彌補劣勢，也很耐打；以及近戰型拳手（swarmer），以鉤拳與上鉤拳的連續組合追擊對手。

刺拳

以慣用手快速、直接出拳的拳法，分為兩種站姿：傳統的正架站位（orthodox）與左架站位（southpaw）。正架站位是以左手為主的戰鬥方式，而左架站位則以右手為主。

拳擊小知識

○ 英國的萊恩·威克沃（Len Wickwar）在1928年至1947年之間打了**463場**比賽，贏得336場。

○ 1997年，美國拳擊手麥克·泰森（Mike Tyson）被取消資格，因為他咬了對手伊凡德·何利菲德（Evander Holyfield）的**耳朵**。

○ 拳擊迷經常為了觀看電視轉播比賽，而必須支付一次性費用，這使得一些拳擊手能夠憑單場比賽成為千萬富翁。當弗洛伊德·梅威瑟在2015年與曼尼·帕奎奧（Manny Pacquiao）較量時，兩人共賺進約**新臺幣48億元**的天價！

○ 美國拳擊手穆罕默德·阿里（Muhammad Ali-Haj）的綽號「**至尊**」當之無愧：他贏得了3次世界重量級冠軍，並在美國積極推動公民權運動，而且從來不會拒絕為粉絲簽名。

○ 有少數的精英拳擊手在職業生涯之中**沒有輸過**任何一場比賽。兩位美國拳擊手洛基·馬西亞諾（Rocky Marciano）和弗洛依德·梅威瑟（Floyd Mayweather Jr）共享這個紀錄，他們都參加過49場比賽，並且全部獲勝。

裁判
裁判努力保持賽事流暢進行，但是如果有一方被擊倒，可以停止賽事。

拳擊手套

護齒
這項重要的護具可保護拳擊手的牙齒。

拳擊褲
拳擊褲上通常有拳擊手的名字或暱稱。

鐘
鐘聲示意回合的開始與結束。

上鉤拳
以後手向上垂直擊拳，是拳擊中最具破壞性的攻擊。

後手直拳
以後手出擊的直拳，比刺拳更強而有力，又稱「直拳」（straight）或「右直拳」（right）。

鉤拳
鉤拳是以後手做半圓形揮動，力量極強。拳擊手通常在一連串刺拳後搭配鉤拳。

摔角 WRESTLING

摔角的歷史可以追溯到1萬5000年前!

摔角又稱為「角力」。這種古老的搏擊運動,講求力量、戰術和強健的體格。比賽是在一大塊墊子上進行,摔角選手利用拋投、固定、擒抱、抱腿摔等招式擊敗對手。

這項平易近人的運動適合所有人,也積極納入殘疾運動員,在美國的大學中很受歡迎,最優秀的學生摔角手會一路站上世界最大的比賽舞臺──奧林匹克運動會。

摔角小知識

○ 在1896年的首屆現代奧運中,**希羅式摔角**(Greco-Roman wrestling)就被列為比賽項目,自由式摔角則是在1904年正式引進奧運。

○ 土耳其的國家運動是**塗油摔角**(oil wrestling),摔角選手在賽前得在全身塗滿橄欖油。歷史上著名的比賽可持續數天,到了1975年才引進40分鐘的比賽時間限制。

○ 5至15世紀時,摔角在英國、日本和法國的**皇室中**很受歡迎。而英國移民在18世紀將摔角引進美國,之後就成為美國最受歡迎的運動之一。

○ 摔角在以前奧運上只有**男子**才能參加,直到2004年的雅典奧運,才終於新增了女子項目。

消極區

不能在這個區域主動使出招式。

美國職業摔角

結合摔角和戲劇式表演的美國職業摔角(World Wrestling Entertainment, WWE),擁有數百萬名狂熱的粉絲。
比賽是在室內場地進行,而非在墊子上進行,內容結合傳統摔角技巧、引人注目的攻擊和華麗的特殊動作(例如從繩索上跳下來)。
雖然職業摔角比賽主要為娛樂性質,但職業摔角手每次上場都冒著受傷的危險,也算是了不起的運動員。

摔角緊身衣

所有摔角選手都穿著紅色或藍色的緊身連身衣,稱為摔角緊身衣。

中心區

比賽主要發生在中心區,外圍還有一個圓圈,標記出可進行摔角的區域界線。

摔角鞋

摔角鞋通常與緊身衣的顏色相同,能加強腳在墊子上的抓地力,並保護腳踝。

摔角墊

墊子由厚橡膠和泡棉製成。

摔角規則

● 比賽中,裁判依據摔角選手所施展的各種動作技巧評分,在所有回合結束後,由得分最高者獲勝。

● 摔角手若能將對手的雙肩壓制在地,也可因此贏得一回合。

● 奧運上有兩種形式的比賽:希羅式和自由式。

● 希羅式摔角比賽中,不得動用雙腿,選手只能使用和攻擊腰部以上的部位。

● 自由式摔角中,可以抓住對手雙腿,使對手摔倒在地,稱為「抱腿摔」。

● 像許多搏擊運動一樣,摔角也以體重劃分量級。

終極格鬥冠軍賽 UFC

終極格鬥冠軍賽是一種激烈的混合武術格鬥運動。

它融合了柔術、跆拳道和空手道等各種格鬥運動，以及拳擊、摔角等格鬥技巧。

終極格鬥是相當新進的運動，直到1993年11月才有比較完整的組織，但在那不久後，又幾乎完全消失。

如今，這是一項龐大的商機，擁有廣大的忠誠愛好者，他們會蜂湧而入比賽現場觀戰，更有數百萬人會在電視上觀看比賽。

就像拳擊一樣，事前的準備工夫是終極格鬥的關鍵——在比賽前會有嚴苛的訓練。近年來，這項運動的熱門度大幅成長，只要格鬥者上場時表現出色，就有機會賺取巨額獎金。

終極格鬥冠軍賽小知識

O 終極格鬥冠軍賽是一項適合所有年齡的運動。史上最年輕的終極格鬥冠軍是喬恩·瓊斯（Jon Jones），他贏得輕量級冠軍時，年齡只有23歲。

O 另一方面，**最年長**的冠軍是蘭迪·寇楚（Randy Couture），當時年齡為45歲。

O 1990年代後期，這項運動差點被**禁止**。美國參議員約翰·麥凱恩（John McCain）看了一場終極格鬥冠軍賽錄影後，震驚於比賽的暴力。他推動要停止這項運動，最終失敗了，這讓忠誠的格鬥迷非常高興。

O 事實上，研究證明終極格鬥比拳擊**更安全**。加拿大阿爾伯塔大學的一項研究發現，終極格鬥運動員比較不會承受日後會造成長遠影響的運動傷害。

如何取勝

分數評定
所有回合結束後，由裁判決定勝負。

擊倒
假如選手被打暈、失去意識，則判決為擊倒，由對方獲勝。如果裁判判定該名選手無法「有意識的」防衛時，則判定為技術性擊倒。

降服
選手可以鎖住對方頸部或重要關節，迫使對手拍地認輸（tap out）——在格鬥場上，選手會拍打對手身體或地墊來投降或棄權，也可以向裁判大喊示意認輸。

違規失格
選手也可能因為犯規而被判落敗，例如做出頭錘或攻擊腰部以下等動作。

配備

短褲：短褲通常都是緊身的，讓對手難以抓住。

拳套：終極格鬥冠軍賽使用分指拳套，比拳擊手套小多了，也比較輕。

雙腳：選手赤腳上場。

八角籠
比賽場地稱為八角籠，因為它呈現八角形，是個被圍起來的籠子，面積為70平方公尺，直徑9.1公尺、高2.7公尺。

終極格鬥冠軍賽規則

● 比賽長度因賽事有所不同，而「冠軍賽」為5回合，每回合5分鐘。

● 非冠軍賽一般分3回合，每回合5分鐘。

● 評分制度與拳擊（見第86頁）相同，由一組裁判對比賽進行評分，滿分為10分。若比賽結束時未打滿規定的回合數，則由總得分較高者獲勝。

● 以平局結束的情況相當罕見，因為有許多方式可讓比賽提前結束。

● 終極格鬥冠軍賽依體重分級，選手依照體重的量級來參賽。

相撲 SUMO WRESTLING

相撲界出産重量級的巨星！

作為日本的國家運動，最頂級的力士受到粉絲們愛戴敬仰——通常，他們的身材都很巨大！

數百年來，相撲已經成為日本文化的一部分，人們從世界各地遠道而來，想取得崇高的「橫綱」頭銜。

比賽由兩位力士在室內的相撲場上進行，目標很簡單：試著逼迫對手踏出場外。每場比賽都只有一回合，往往只持續幾秒鐘，卻令人緊張到透不過氣來。力士在幾秒內用盡所有力量和靈活度，力求以爆發力和全身肌肉戰勝對手！

相撲小知識

○ 與拳擊不同，相撲不以重量分級。力士有時會碰上比自己重兩倍的對手……仍然有機會獲勝！

○ 日本每年舉辦 **6場**相撲比賽，比賽為期15天，在星期日開始和結束。

○ 力士通常都會有一個資格稱號，最高的稱號是**橫綱**，意為「偉大的冠軍」。

○ 在力士們進入相撲場之前，會先進行一個儀式：力士會先對場內灑鹽以淨化場地，然後表演一種舞蹈——做出「蹲踏」的動作——用來驅走邪靈。

○ 相撲力士必須堅守嚴格的傳統生活方式，並在**部屋**中團體生活及接受訓練。在升級之前，每個人都是學徒。

力士
相撲選手被稱為「力士」，這個詞字面上的意思是「強壯的男人」。

裁判
裁判稱為「行司」，在相撲中具有崇高地位，穿著精美的絲綢服裝。

兜襠布
相撲選手的兜襠布很厚，長9.1公尺，包裹力士的身體好幾圈，卻從未洗過！

土俵
比賽場地稱為「土俵」，直徑是4.55公尺，外圈是由稻草米袋捆製圍成，安裝在黏土平臺上。

相撲規則

● 迫使對手先出場外的力士便獲勝。

● 在土俵內除了腳外，身體的某一部分先觸地者，判定為輸。

● 力士可因犯規而被取消資格，或是因未能參加比賽而直接被判為輸。

● 比賽只有一輪，通常決勝只在幾秒之間。

卡巴迪 KABADDI

卡巴迪是運動中罕見的珍寶。

它被稱為「大眾遊戲」，不需要專門的設備，而且每個人都能玩。

卡巴迪起源於印度，是孟加拉的全國性體育運動，在南亞深受數百萬人的喜愛。

卡巴迪對新手來說可能看起來很奇怪，但它古怪又美妙的規則使它和其他運動與眾不同。玩法非常簡單：兩隊輪流派出一個隊員到對方的半場攻擊，進攻者的工作是觸碰對手、然後跑回自己的半場，就能得分。聽起來很簡單吧？不過，有一個條件：正在攻擊的人要屏住呼吸！

卡巴迪小知識

○ 實際上，有兩種不同形式的卡巴迪。最受歡迎的國際規則卡巴迪，是在**長方形**的場地進行；而圓圈式卡巴迪正如其名，是在**圓形場地**上進行。

○ 卡巴迪從未被列入奧運，不過1936年柏林奧運上曾舉辦過示範賽。

○ 在印度，**職業卡巴迪聯盟**是最大規模的比賽。 就觀眾數量來說，只有板球才能勝過卡巴迪——在2014年，估計有4億3500萬人在電視上觀看卡巴迪。

○ 這項運動一直由**印度**領銜。截至2016年，他們已經贏得每一屆亞運和卡巴迪世界盃的冠軍頭銜。

○ 比賽中，防守方會**手牽手**緊緊圍起來；而卡巴迪的名稱就源自於坦米爾語的「牽手」（Kai-pidei）。

擴大區
進攻者可以利用這個區域逃脫。

進攻者
進攻者要代表進攻方得分。

卡巴迪規則

● 每隊有7人，比賽中，每隊輪流派出1名隊員到對方的半場進行攻擊，這名隊員被稱為「進攻者」。

● 進攻者要觸摸到對方的其中1名隊員，然後安全返回自己的半場才能算得分。每抓1人得分為1分。

● 進攻者要先深呼吸，然後踩過中線，在對手的場域之內必須屏住呼吸，直到他回到己方半場為止。為了確認進攻者有屏住呼吸，他必須反覆喊叫「卡巴迪」這個詞。

● 進攻方有30秒時間可完成進攻。

● 防守方要努力阻止進攻者回到對方半場得分。

場地
長13公尺、寬10公尺，地面要鋪上柔軟的地墊。

攻擊線
進攻者必須越過此線，才能進行有效的進攻。

擊劍 FENCING

擊劍是從傳統劍術演變而來的格鬥運動。

以劍對戰老早就被運用在戰場上，直到18世紀才成為一種運動。在1900年代，擊劍在義大利成為有組織的運動，之後法國加以改善，才發展成現在我們所熟悉的運動。

擊劍比賽為一對一，目標是用長劍擊中你的對手，而且不讓自己被對方擊中。每位選手都穿戴配有蜂鳴器的裝備，被擊中或被碰觸到時會發出蜂鳴聲，表示對手得分。

擊劍要求全面性的體能、靈活度、堅定的專注力和快如閃電的反應。

擊劍規則

- 擊劍運動員配備的劍都是鈍的。
- 每當選手用劍尖準確刺在對手身上的有效部位，就會獲得1分。將對手逼到「劍道」底線外的選手也會獲得積分。
- 擊劍比賽分三種，不同種類的比賽有不同的有效擊中點。
- 一場比賽分成3回合，每回合3分鐘，比賽中先得15分者即獲勝。

擊劍小知識

- 創辦現代奧運的**皮埃爾·德·古柏坦**（Baron Pierre de Coubertin）是一名擊劍運動員。
- 從第一屆現代奧運至今，擊劍、游泳、體操、自行車是唯4項**每一屆**皆被列入的項目。
- 擊劍比賽原本沒有**時間限制**——直到1930年代，一場在紐約舉行的比賽持續了7個小時，之後才引進這項制度！
- 擊劍運動員可不是為了好看才總是穿白色服裝！在1936年引進電子計分制度之前，劍尖會被浸泡在墨水裡，這樣一來，有一方被擊中時，白色服裝上就會出現顏色，表示得一分。
- 一般認為擊劍的劍尖是所有運動中第二快的移動物體，只比射擊的子彈慢。

面具
用來保護臉部，由金屬網製成，好讓擊劍者視野不受阻礙。

擊劍類別

鈍劍
是最輕的劍，劍尖裝了感應器。
在使用鈍劍的比賽中，有效部位非常小——必須用劍尖刺在對手的軀幹部位上才能得分，刺在頭部或手臂上不計分。

銳劍
稍微比鈍劍更重、更硬一點。
在銳劍比賽中，得分的有效範圍為全身。

軍刀
這是三種劍中最短的劍，接觸到對手時會反折。
在軍刀比賽中，得分範圍僅限於軀幹。

劍
擊劍所使用的劍分為三種，比賽根據用劍的類別而有不同的評分方式。

劍道
比賽場地稱為劍道，長14公尺。

跆拳道 TAEKWONDO

跆拳道是手腳並用的格鬥藝術。

若將名稱折解開來看,「跆」的意思是踢或用腳猛擊,「拳」指拳頭或用拳重擊,「道」指藝術或方式。

雖然跆拳道允許出拳,但是比賽的主要重點是前踢、跳躍和旋踢,以及各種踢法的結合。最出色的跆拳道運動員極為敏捷、快速,臂膀和雙腿強而有力。

跆拳道在1945年起源於韓國:二次世界大戰剛結束時,首爾出現了新的武術流派,其中結合了空手道和其他各種中國武術。

跆拳道現在是奧運比賽項目之一,第一次出現在奧運會上時,是1988年的示範賽。

跆拳道小知識

○ 共188個國家、7000多萬人在練跆拳道。

○ 已經有400萬名跆拳道員達成最高等級,繫著代表最高段數的黑色腰帶。

○ 黑帶4段以上尤為難獲,需向跆拳道管理機構「國際跆拳道聯盟」申請考核。黑帶5段以上,會被尊稱為「大師」。

○ 南韓男女在軍中會學習跆拳道,作為初步培訓的一部分。事實上,世界上其他地方也有軍隊已經引進跆拳道,作為訓練課程的一部分。

○ 在歷屆奧運的跆拳道比賽中,南韓贏得的獎牌高於任何一個國家——共19面獎牌,其中有12面是金牌。

跆拳道規則

● 比賽分為3回合,選手以出拳及踢擊技術得分。

● 有效擊中軀幹得1、2或4分;有效擊中頭部或頸部得3或5分。

● 選手可以藉由擊倒對手獲勝。如果雙方能力差距過大,主審可以裁決停止比賽。

● 若雙方分數差了12分,比賽自動結束。

● 犯規行為會遭到扣分,例如攻擊腰帶以下的部分。

● 如果時間到了仍未分出勝負,便會進行驟死賽。

護具
選手穿戴頭盔與護甲保護自己。

裁判
比賽是由4名裁判進行評分。

道服
所有選手都穿著白色的道服。

腰帶
顏色代表選手的段位和能力——白色最低,黑色最高。

通用語言

跆拳道的通用語言是韓語,裁判會用韓語主持所有比賽。以下是比賽中會聽到的一些用語,包括教練可能會對選手説的話。

준비 (JOON BI) – 準備好了
시작 (SIJAK) – 開始
경례 (KYUNGNET) – 敬禮
쉬어 (SHO) – 放輕鬆
갈려 (KALYEO) – 暫停
감사합니다 (KAMSA HAMNAE DA) – 謝謝
막기 (MAKGI) – 防禦
차기 (CHAGI) – 踢
지르기 (JIREUGI) – 出拳

空手道 KARATE

據估計,在世界各地有5000萬人練習空手道。

空手道是一種講求自我防衛的古老日本武術,早在1300年代初期,就已經存在了各種形式的空手道。1922年,現代空手道之父船越義貞將空手道從沖繩島帶到日本本島,並且發揚光大。

現今的空手道包含許多招式,包含拳打、腳踢、開掌攻擊,有時也會有扭打。

空手道不僅僅是格鬥,更重要的是從訓練中養成紀律、提升心靈認知。其實,船越的理論是永遠不要先攻擊;他的主要目的是鼓勵大家「成為更好的人」,這個理念至今仍然是空手道的基石。

空手道小知識

○ 截至2016年為止,空手道從未被納入奧運,但在2020年東京奧運將首次把空手道列為奧運競賽項目。

○ 這項運動是激發眾多電影的靈感來源,《小子難纏》(1984)系列電影呈現了男主角丹尼爾成為空手道大師的旅程,可能是最受歡迎的空手道電影。

○「空手道」是兩個詞的組合:「空」(Kara)和「手」(Te)。這代表了空手道的定義:在不拿武器的情況下戰鬥。

○ 這項運動非常受名人歡迎。演員史恩·康納萊(Sean Connery)、流行音樂傳奇人物貓王(Elvis Presley),以及野外生存節目明星貝爾·格里爾斯(Bear Grylls)都是空手道黑帶。

道場
練習空手道的地方被稱為「道場」,高段位空手道家在任何道場都被尊稱為「老師」。

空手道家
參加空手道的人被稱為「空手道家」。

腰帶
腰帶的顏色表明段位:白色最低,黑色最高。獲得黑帶通常需要經過3到7年的培訓,有時甚至更久。

道服

空手道規則

● 男子賽每回合為3分鐘,女子賽每回合為2分鐘。

● 在對手身上做出有效攻擊即可得分,比賽結束後,得分較高的選手獲勝。

● 依據攻擊種類,可給予有效(1分)、半勝(2分)或一勝(3分)等各種分數。一勝的判定為選手以高踢或其他動作使對手倒地。

● 如果選手在一場比賽中領先8分,便會被判為獲勝。

墊子
比賽在長寬8公尺的墊子上進行。如果選手在單場比賽中進入安全區超過一次,便會被取消資格。

柔道 JUDO

雖然是接觸性運動，「柔道」一詞直譯的意思卻是「溫柔的方式」。

柔道由教育家嘉納治五郎創立，起源可以追溯至1885年的日本。孩提時代的嘉納熱衷於日本武術中的柔術，主因是他在東京就讀英語學校時遭到霸凌。

但柔術變得越來越不合時宜且罕見，所以嘉納融合了柔術與備受日本人喜愛的相撲，創造出現今我們所熟知且廣受歡迎的柔道。

柔道小知識

○ 柔道在鋪有榻榻米墊的場地上比賽，這些墊子最初是由壓縮的稻草做成。

○ 參賽選手被規定要剪短指甲，將長髮繫起來。他們也必須乾淨、乾燥、沒有異味！

○ 柔道在1964年東京奧運時成為奧運比賽項目。

○ 在過去，最小得分是「效果」（koka，8分之1分）——使對手臀部著地摔倒，但這種計分方式在2008年被取消了。

○ 柔道分為7個體重級別：最低等級的是特輕量級（60公斤以下），最高等級則是重量級（100公斤以上）。

主審
主審在比賽區域內進行裁定。

柔道服
整套柔道服包括厚重的上衣、輕薄長褲和棉質腰帶。

危險區
選手若站在墊子外圍1公尺寬的紅色區域內超過5秒，便會遭到處罰。

副審
副審會看影片重播，確認主審的判決。

柔道帶
腰帶的顏色代表柔道的段位和級別，黑帶為最高段。

柔道規則

● 由兩位選手1對1比賽，他們試圖透過各種招式壓制對手，以贏得10分。

● 柔道選手被稱為「柔道家」，他們仰賴技巧和機靈的戰術，而非蠻力。

● 一場比賽最長為5分鐘。當一位選手積分達到10分時，便贏得比賽。

● 如果5分鐘後雙方平手，則進入「黃金得分制」延長賽，任何一方先得分即獲勝。

墊子
比賽在長、寬14公尺（包括危險區）的墊子上舉行。

一勝

「完美的一摔」

分數：10分

結果：立即獲勝

如何達成：將對手摔在地上，使其背部著地，做出「完美的技巧」；之後將對手固定住，使其認輸；並且要壓制對手在地上達20秒。

SPORTING 綜合型國際

EVENTS 體育賽事

奧林匹克運動會 THE OLYMPIC GAMES

簡稱「奧運」的奧林匹克運動會，是世界上最大型的體育賽事。

每四年舉辦一次的奧運，在為期兩週的大型賽事中，聚集了來自全球的明星運動員，代表自己的國家出賽。他們都在爭奪奧運金牌，這是所有選手運動員生涯中的最高榮譽。書中介紹的運動，幾乎都是奧運的特色賽事，或是準備被列入比賽的項目。

在奧運期間，總計有超過200個國家參加了300多場比賽、成千上萬的運動愛好者親臨現場觀賽，

在家收看轉播的觀眾更高達數十億人。

這場被譽為「地表最偉大表演」的體育盛事，源自於數千年前在希臘舉行的古代奧運。第一屆現代奧運則在1896年於希臘雅典舉行，緊接著法籍國際體育活動家的皮耶·德·古柏坦（Pierre de Coubertin）成立了國際奧林匹克委員會，負責籌辦每一屆的奧運。

現代奧運發展至今不斷推陳出新，主辦城市一直在改變，新的體育項目也持續加入。從精心設計的開幕式到令人驚豔的閉幕式，都是所有運動愛好者不容錯過的最高盛宴。在這裡，記錄被打破、歷史被創造，激勵後世的故事也不斷被傳頌著。

自行車

在奧運上所使用的自行車，重量輕到不可思議，所以能夠高速前進。

田徑

田徑可說是奧運中最受歡迎的項目，包含投擲、跳躍和跑步等比賽，其中又以100公尺短跑最受注目，它通常會在奧運會的最後一週舉行，經常可吸引數百萬名的電視觀眾觀賽。

黑線

賽道周邊最短的路線。

從前從前……

古希臘人認為只有將健美的軀體展現給眾神看，才能表示對神的崇敬。這樣的祭祀行為，後來逐漸形成賽事。當時最主要的四大賽事有：祭獻天神宙斯的奧林匹克運動會（Olympic Games，現又稱「古代奧運」）、祭獻太陽神阿波羅的皮媞亞運動會（Pythian Games）、祭獻海神波西頓的依斯米亞運動會（Isthmian Games）和祭祠大力士海格力斯的尼米亞運動會（Nemean Games）。其中宙斯是眾神之主，因此古希臘人對於古代奧運格外重視，賽事規模也會特別盛大。而前述的四大賽事，每年會輪流舉行1個，也就是說古代奧運的舉行，4年會輪到1次，這也就是現代奧運4年舉辦1次的由來。

古代奧運除了有賽跑、跳躍和摔角等運動比賽，還有戰車競賽等眾多的傳統活動。不過，古代與現代奧運的最大差異，竟然是當時的運動員以裸體參賽！

馳騁在公路上

公路自行車比賽是在公路上騎行，有時候是很長的距離賽，選手需要有不可思議的耐力與精準的戰術計畫才能獲勝。

自行車 CYCLING

自從1896年首屆奧運以來，自行車就是奧運的正式比賽項目。
比賽可以是衝鋒賽或是計時賽，會在特別打造的賽車場內進行，
其中還包含了數場堪稱奧運中最驚心動魄的緊張賽事。
在最高級別的自行車比賽，選手車速更可高達每小時96公里，非常快速！

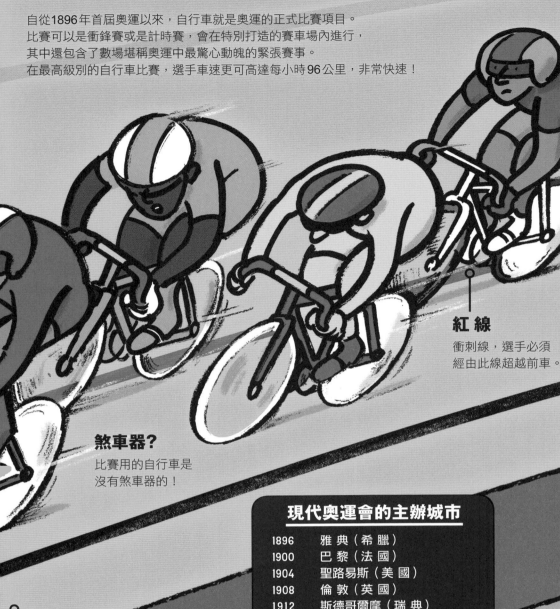

紅線

衝刺線，選手必須
經由此線超越前車。

煞車器？

比賽用的自行車是
沒有煞車器的！

賽車道

標準的奧運場地自由車賽場，
周長至少250公尺。賽車道則
最多側傾45度，好讓選手可
以無須減速的飛速繞圈。

現代奧運會的主辦城市

1896	雅 典（希 臘）
1900	巴 黎（法 國）
1904	聖路易斯（美 國）
1908	倫 敦（英 國）
1912	斯德哥爾摩（瑞 典）
1920	安特衛普（比利時）
1924	巴 黎（法 國）
1928	阿姆斯特丹（荷 蘭）
1932	洛杉磯（美 國）
1936	柏 林（納粹德國）
1948	倫 敦（英 國）
1952	赫爾辛基（芬 蘭）
1956	墨爾本（澳 洲）
1960	羅 馬（義大利）
1964	東 京（日 本）
1968	墨西哥城（墨西哥）
1972	慕尼黑（前西德）
1976	蒙特婁（加拿大）
1980	莫斯科（前蘇聯）
1984	洛杉磯（美 國）
1988	首 爾（南 韓）
1992	巴塞隆納（西班牙）
1996	亞特蘭大（美 國）
2000	雪 梨（澳 洲）
2004	雅 典（希 臘）
2008	北 京（中 國）
2012	倫 敦（英 國）
2016	里約熱內盧（巴 西）
2020	東 京（日 本）
2024	巴 黎（法 國）

奧運小知識

o 奧運金牌並非純金打造，而是由其他金屬做
成再**鍍金**。如果是純金獎牌，每一面成本
將高達新臺幣約81萬元！

o 奧運曾在1916年因為**一次世界大戰**而取
消；1940及1944年，也因為爆發**二次世界
大戰**而取消。

o 早年只有**業餘選手**可以參加奧運比賽，現
在這裡則集結了全球最好的選手。無論職
業或業餘選手，只要通過資格賽的選拔標
準，就能參加奧運比賽。

o 所有參加奧運的選手都要**通過選拔**，有些國
家有數百名合格選手，但有些國家只有數
名，像美國在2016年有554名奧運代表，
但賴比瑞亞只有2名。

o 全世界只有**4個國家**每屆奧運都有派選手參
加——英國、希臘、澳洲和法國。

o 倫敦在2012年第3次主辦奧運，是主辦**次
數最多**的城市。但2024年巴黎主辦奧運
時，將會追平這項紀錄。

o 美國算是奧運史上**最成功**的運動隊伍。2016
年為止，美國總計拿到801面獎牌，其中
335面是金牌。排名第二則是前蘇聯，總計
拿到193面獎牌，其中64面是金牌，數目
遠不及美國。

o 一代拳王**穆罕默德·阿里**（**Muhammad Ali-
Haj**），曾在1960年的羅馬奧運贏得金牌。
雖然身為世界上最令人害怕的拳擊手，阿
里本人卻超怕坐飛機。他從美國飛往義大
利時，竟然全程身著降落傘！

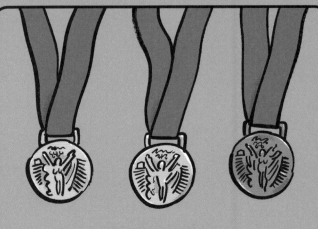

最高榮譽

接受多年嚴格訓練的運動員，
生涯的最高榮譽就是贏得奧運獎牌。
每場比賽結束後，會舉行頒獎儀式頒發3枚獎牌——
第一名至第三名——分別是金牌、銀牌和銅牌，
同時也會播放每位獲獎運動員國家的國歌。

馬術 EQUESTRIAN

自1900年以來，馬術比賽已成為奧運中重要的一部分。事實上，早在馬術成為體育盛事的更久之前，人類就已經開始騎馬了，而且還被記錄在歷史上。馬術中的其一項目——馬場馬術競賽（Dressage，又叫「盛裝舞步」或「馬的芭蕾舞」），則可以追溯到西元前430年，當時希臘軍隊會訓練馬進行錯綜複雜的動作，以躲避敵人在戰爭中的攻擊。

水池

當賽馬跳躍水池障礙時，不可以碰到水。

伸展障礙

障礙賽中會出現比較寬的柵欄，是由一前一後的兩根橫桿組成。

最快者得勝

能乾淨俐落跳過多數障礙的騎士，就可獲勝；但如果超過一個騎士通過全部的障礙，就以最快者為冠軍。

賽馬

為了參加比賽而特別飼養的賽馬，必須俐落的跳過各種障礙，不能踢到障礙物，也不可以拒絕跳躍。

場地障礙賽

場地障礙賽表現出騎士的高度技巧及過人膽識。比賽中，賽馬必須在高速之下，依序跳過遍布全場的13個障礙。

奧運會旗

是在1914年設計出來，有5個相互扣住的圓環，代表亞洲、歐洲、美洲、非洲和大洋洲等參與奧運的5大洲。

奧運聖火臺

紀念從希臘之神宙斯處偷來的火種，每次奧運開幕時，就會點燃聖火臺。

奧運火炬

聖火傳遞展開了奧運會的序幕，它永遠從希臘開始，再由聖火傳遞者一站接著一站送到主辦城市，一旦抵達目的地就會點燃奧運聖火臺的主火炬。

馬場馬術

很多人認為別名「盛裝舞步」的馬場馬術,不只是一項運動,也是一種藝術型式的展現。參賽者必須指揮他們的馬進行步行、小跑步和慢跑等表演。比賽時的指定動作,則是由評審團預先決定並標記下來,會針對馬的服從度、靈活度和平衡感來評分。說穿了,這項比賽就是參賽者向評審團展現自己可以指揮馬做任何想做的事。

奧運小知識

○ 1896年第一屆現代奧運在雅典舉行,年僅11歲的希臘體操選手迪米特瑞斯・勞德拉斯(Dimitrios Loundras),為希臘贏得1面雙槓銅牌,至今他仍是**最年輕**的奧運獎牌得主。

○ 1900年**巴黎奧運**沒有頒發獎牌,而是以手托月桂花冠的勝利女神獎章代替,因為法國覺得頒發藝術品給選手比獎牌有價值。

○ 1900年巴黎奧運首度開放**女子**選手參賽。在此之前,奧運嚴格限制只有男子選手可以參賽。率先讓運動走向男女平權的法國,顯然比較有遠見。

○ 1908年原本預定在羅馬舉行奧運,卻因為**維蘇威火山爆發**而移師倫敦。

○ 有廠商能**贊助**舉辦的經費,對奧運來說非常重要。1928年,可口可樂成為第1個奧運贊助商。

○ 過去有很多國家曾因政治理由而**抵制**奧運,拒絕派員參加。例如,美國和其他64個國家在1980年因前蘇聯入侵阿富汗而缺席莫斯科奧運;而蘇聯也不干示弱的抵制1984年的洛杉磯奧運。

○ 在奧運正式開幕之前到比賽結束之後,選手都得住在**選手村**,這是一個特別為了奧運比賽而建造的地方,擁有方便的設施,只有選手、他們的家人與朋友可以進入。

○ 馬術比賽中的**障礙賽**,是奧運中最獨特的比賽之一──男子選手和女子選手可以一起比賽。除了馬術以外,划船項目也以類似的方式進行。

跌倒就再見

如果賽馬在比賽中跌倒,就會被判失去比賽資格。

3日賽

這是最終極的比賽,混合了障礙賽、馬場馬術和越野賽,所有的障礙設置在長達5.9公里的場地,其中包含了許多令人筋疲力竭的跳躍障礙和水池障礙。

奧運之火

奧運之火座落在希臘的奧林匹亞,每2年會被點燃1次。奧運火炬就從這裡傳遞,沿途送到主辦城市的奧運聖火臺。

迎向勝利

騎士完成每個項目後都會得到分數,累積分數最多者贏得冠軍。

2020東京奧運的比賽項目

足球	划船
棒球	帆船
壘球	高爾夫
曲棍球	射擊
籃球	射箭
七人橄欖球	拳擊
排球	摔角
手球	擊劍
網球	跆拳道
桌球	空手道
羽球	柔道
田徑	舉重
體操	滑板
游泳	攀岩
跳水	馬術
水上芭蕾	自行車
衝浪	鐵人三項
輕艇	現代五項
水球	

帕拉林匹克運動會 THE PARALYMPIC GAMES
（殘疾人奧林匹克運動會）

常被簡稱為「帕奧」的帕拉林匹克運動會，意為能與奧林匹克運動會媲美的國際賽事。

帕奧通常會辦在奧運結束後的一個星期，與奧運最重要的區別在於——比賽是給截肢者、視力障礙、腦麻痺等各種殘疾運動員來參加的。

在帕奧中，大多數的競賽項目，都與一般人熟識的奧運相同或僅略微不同；另有一部分的項目，是帕奧的專屬賽事。

帕奧的活動誕生於1948年，當時德國神經學家古德曼（Ludwig Guttmann），為待在英國斯托克曼德維爾醫院的二次世界大戰退休老兵，籌辦了一場運動競賽，這場比賽很成功，後來也催生了1960年在羅馬舉辦的首屆帕奧。

從那時起，帕奧的規模就日益擴大，也激勵了全世界數百萬名熱愛運動、不願輸給殘疾的人士。

殘疾分類

帕奧根據運動員的傷殘狀況分類競賽項目，好讓具有相似殘疾的運動員互相競爭，以確保賽事的公平性和競爭性。
目前共有6個主分類，以及各種能更細節區隔傷殘狀況的次分類，如截肢組、輪椅組等。

賽道上

田徑運動是帕奧中最令人興奮和最受歡迎的活動之一。競爭對手分為五大類，F類是指田賽運動員，T代表徑賽運動員，然後在英文字母後面有一個數字來確定等級。

11-13：視力障礙的運動員

20：智能或學習障礙

31-38：腦性麻痺

41-46：截肢者和其他侏儒症運動員

51-58：輪椅運動員，參加在奧運場館裡的徑賽。

輪椅比賽者

失去肢體或肢體失去功能的運動員，會坐輪椅來參加短跑，甚至是馬拉松等各種比賽。

帕奧獨家運動

「盲人門球」和「硬地滾球」是帕運的兩項獨家運動，你會在這裡看到比任何體育賽事中都還要勵志的運動員。

盲人門球

兩支隊伍分別由3個全盲或視障的運動員組成，球員會盡力讓球滾進對方的球門裡，守門員則通常會躺在地上，用身體阻擋球進門。

刀鋒跑者

很多帕奧運動員失去雙腳或一部分的腳,但這會阻止他們跑步嗎?當然不會。大多數的選手會使用由碳纖維製成的義肢,稱為「刀鋒」,也就是所謂的「刀鋒跑者」,他們可以快到令人難以置信的速度。所以,有些帕奧運動員已經橫跨參加一般奧運,與其他健全的選手一起較量。

帕奧標誌

帕奧的標誌是由紅、藍、綠3個顏色的彩帶組成,代表著帕奧的座右銘「運動家精神」,跟奧運會旗完全沒有關連。

帕奧小知識

- 1960年羅馬舉行的第一屆帕奧,只有5000名熱心人士參加開幕式,但到了2012年,已有超過 **8萬名** 觀眾擠進倫敦的奧林匹克場館觀賞開幕式。

- 自從帕奧開始以來,吉祥物一直扮演重要角色。2012年帕運的官方吉祥物名叫曼德維爾(Mandeville),用來紀念來自英國斯托克曼德維爾醫院的一群病人,是他們開始了帕奧的運動。

- 美國游泳選手崔西亞・索恩(Trischa Zorn),是歷年帕運 **最成功** 的運動員,她從出生即全盲,卻在1980〜2004年贏得41面金牌。

- 帕奧選手跟奧運選手一樣,在參賽時會住在選手村。不過,要 **付出努力**,才能讓選手村變得易於殘障運動員使用。2012年的倫敦帕奧,就用了整整5個工作天,將奧運選手村改裝成帕奧選手村。

- 帕奧與奧運在同年舉行,但並非一開始都在同個城市舉辦。同個城市舉辦兩項比賽的傳統,始自1988年的南韓 **首爾** 奧運與帕奧,一直實行至今。

- 雖然帕運會接受各種殘障人士,但是 **聽障** 運動員卻無法參加,所以聽障人士會另外參加每4年舉辦1次的「聽障奧運會」。

- 2020年 **東京** 將主辦帕奧,也將成為第一個辦過2次帕運的城市,預計會售出令人難以置信的230萬張門票。

- **羽球** 列入奧運項目為時已久,但是過去一直未被列入帕奧,不過在2020年帕運將首次把羽球列為比賽項目。

硬地滾球

硬地滾球是由殘障等級最高的運動員參加。這項運動類似於保齡球,球員會以投或踢的方式,讓球盡可能接近稱為「目標球」的白色小球。硬地滾球起初是針對腦性麻痺的運動員而設計,但現在開放讓更多類別的殘障運動員參與。

冬季奧林匹克運動會 THE WINTER OLYMPICS

冬季奧林匹克運動會簡稱為「冬奧」、「冬季奧運會」,是世界上最大的冰雪競技賽!

就像奧運(現又稱為「夏季奧運」)一樣,冬奧每4年舉行1次,並以完全相同的方式,頒發金牌、銀牌和銅牌給前三名的選手。

最初,冬季競賽是被納入夏季奧運中,直至1924年,國際奧林匹克委員會才批准在鄰近白朗峰的法國山區小鎮夏慕尼舉行「冬季運動週」,自此也開始被稱為「冬季奧運會」。

首屆冬奧只有5項比賽,後來不斷壯大,也吸引了廣大的觀眾和聽眾。冬奧的比賽項目也不斷增加,除了滑雪等傳統運動,還有一些獨特的冬季運動,像是以極快的速度衝下冰道的「雪車」和「俯式雪橇」,都是冬奧備受注目的比賽項目。

滑雪 從古早以前就開始

人類開始滑雪已有數千年的歷史,最早可追溯到西元前5000年瑞典的一些原始雕刻,描繪了男性在滑雪板上活動的場景。「Ski」——滑雪這個詞就來自挪威語,意即「分裂的木頭」,這是滑雪板最初的製作方式,也是一種在雪地上運輸物品的方法。19世紀後,滑雪發展成廣受歡迎的娛樂活動,時至今日,更推動了高達新臺幣數百億元的全球旅遊產業。

曾主辦過冬奧的城市

1924	夏慕尼(法國)
1928	聖莫里茲(瑞士)
1932	普萊西德湖(美國)
1936	加爾米施——帕滕基興(德國)
1948	聖莫里茲(瑞士)
1952	奧斯陸(挪威)
1956	柯爾蒂納丹佩佐(義大利)
1960	斯闊谷(美國)
1964	因斯布魯克(奧地利)
1968	格勒諾勃(法國)
1972	札幌(日本)
1976	因斯布魯克(奧地利)
1980	普萊西德湖(美國)
1984	塞拉耶佛(南斯拉夫)
1988	卡加利(加拿大)
1992	阿爾貝維爾(法國)
1994	利勒哈默爾(挪威)
1998	長野(日本)
2002	鹽湖城(美國)
2006	杜林(義大利)
2010	溫哥華(加拿大)
2014	索契(俄羅斯)
2018	平昌(韓國)
2022	北京(中國)

護目鏡、手套和頭盔
可以保護選手的眼睛、雙手和頭部。

雪靴
堅硬的雪靴可將選手固定在滑雪板上。當不小心跌倒時,選手也能很快從滑雪板上卸離,以防止腳受傷。

滑雪板
滑雪板能幫助選手從斜坡上快速滑下。在高山滑雪的「曲道賽」(slalom)中,可幫助選手發揮最大的機動性;在「落山賽」(downhill)中,則能幫助選手達到比汽車還快的速度。

旗門

在曲道賽中，選手必須
經過數十道旗門。

滑雪桿

讓選手控制
滑行方向與速度。

滑雪場是榮耀之地

雪上運動是冬奧的命脈，通常在具有不同坡度的滑雪場進行。
而擁有多種比賽項目，可測試選手耐力、
技巧和速度的滑雪，則是雪上運動最重要的亮點。
例如，在曲道賽中，選手必須盡快滑下斜坡，
同時以極高的速度繞過障礙物；遠距離的「越野滑雪」，則考
驗著選手的耐力。跳臺滑雪更結合了大膽的跳躍——選手會從
巨大的助滑雪道高速滑下，
並試圖跳得越遠越好，最後成績則取決實力。

冬奧小知識

○ 歷史上只有一名選手同時在奧運和冬奧
奪冠，就是美國選手**埃迪·伊根（Eddie
Eagan）**，他在1920年贏得輕量級拳擊金
牌，接著在1932年加入美國「有舵雪橇」
（又名雪車）代表隊，同樣奪金，堪稱是
全能運動員！

○ 1924年首屆冬奧在法國夏慕尼舉行，只有
16個國家、258名選手參加。但到了2018
年的韓國平昌冬奧，已有**92個國家、2952**
名選手競逐102個比賽項目。

○ 位於熱帶地區的**牙買加**，1988年首度參加
在加拿大卡加利舉辦的冬奧，該國派出由
田徑選手所組成的「有舵雪橇隊」，本來
被視為最大輸家，卻因奮戰不懈的運動家
精神而大受歡迎，這段佳話後來還拍成了
於1993年上映的電影《瘋癲總動員》。

○ 美國曾辦過**4次冬奧**，主辦城市分別是普萊
西德湖（1932、1980）、斯闊谷（1960）和
鹽湖城（2002）。

○ **挪威**拿過最多面的冬奧獎牌，總計有329
面，其中有118面金牌。第二名是美國，擁
有282面獎牌。

○ 每一屆冬奧都會設計**吉祥物**，代表對活動的
祝福，2018年平昌冬奧的吉祥物，則是與
韓國建國神話有關的白老虎與亞洲黑熊。

○ 就如奧運一樣，冬奧也會從**點燃、傳遞火炬**
開始。

○ **南半球**的城市未曾辦過冬奧，但是智利的
聖地牙哥、阿根廷的巴塔哥尼亞，是申請
2026冬奧舉辦權的熱門城市，但因氣候因
素須把比賽時間改為7或8月（南半球的冬
季）才行。

都是那塊板子

在1998年日本長野舉辦的冬奧中，增加了5個比
賽項目，「單板滑雪」（Snowboarding）就是其
中之一。儘管它現在大受歡迎，但過去其實是
不受重視的「邊緣運動」。如今，我們可以在單
板滑雪賽中，看到那些大膽表現最高技能的體
育明星。單板滑雪曲道賽的滑雪技巧，大致與
雙板滑雪曲道賽的技巧相同；但在「半管賽」
（Halfpipe）中，選手得在雪地挖出的壕溝中，
展現他們跳躍、翻滾的技巧。在2018年的冬奧
上，更推出名為「單板空中特技」（Big air）的新
項目，選手會在單板滑雪騰空時，於空中表演大
膽創新的技巧。

冰壺 CURLING

又稱「冰上溜石」的冰壺運動，是許多粉絲的最愛。
比賽中，兩隊隊員會朝賽道上另一端的同心圓，分別各投擲8個冰壺球，
只要冰壺球能比對手停得更靠近圓心，就能得到更高的分數。
各隊的「刷冰員」，則會在冰壺球旁不斷的刷冰，好加快或減緩冰壺球的行進速度。
冰壺運動有非常古老的傳統，最早可以回溯到16世紀。
19世紀時，冰壺成為蘇格蘭的正式運動，現在則擴及全球，
最盛行的國家則是擁有最多冰壺迷的加拿大。

溜冰場上的競賽

在溜冰場上，可以看到許多冬奧獨特的運動，像是冰壺、冰上曲棍球等團隊競賽，以及滑冰等個人競賽。「競速滑冰」具有不同距離的項目，比賽選手要在最快的時間內完成指定圈數。而「花式滑冰」則結合了舞蹈和體操，選手們會在評審團前搭配音樂，表演複雜的指定動作。

煞車手

煞車手的主要任務是在
比賽結束時負責停下雪橇。

推手

共有2名隊員，在比賽開始時負責
將雪橇往前推，同時幫忙掌控。

需要刺激嗎？

許多運動迷都很想親臨「有舵雪橇」的比賽現場。這裡會舉辦冬奧速度最快的競賽，像是「有舵雪橇」、「無舵雪橇」和「俯式雪橇」等項目。

在有舵雪橇的競賽中，選手會駕駛雪車，以每小時150公里的高速，在結冰的賽道上奔駛與急轉，這項運動經常被稱為「冰上F1」，意思就是指它與賽車很像！

而「俯式雪橇」是個人賽，選手會以「頭朝前、臉朝下」的姿勢，趴在雪橇上快速滑行，非常刺激！無舵雪橇與俯式雪橇的規則類似，但除了個人賽外還有雙人賽，而且是採「頭朝後、臉朝上」的姿勢滑行。

2018年平昌冬奧比賽項目

高山滑雪
自由式滑雪
單板滑雪
冬季兩項
越野滑雪
跳臺滑雪
北歐混合式滑雪
有舵雪橇
無舵雪橇
俯式雪橇
花式滑冰
競速滑冰
短道競速滑冰
冰 壺（冰上滑石）
冰 球（冰上曲棍球）

冬奧小知識

○ 來自挪威的越野滑雪選手**奧勒・埃納爾・比約恩達倫**（Ole Einar Bjørndalen）是贏得最多面冬奧獎牌的人，共有8面金牌、4面銀牌和1面銅牌。

○ 來自美國的單板滑雪選手**肖恩・懷特**（**Shaun White**）是世界上酬勞最高的冬季運動選手。他曾是2006年杜林冬奧和2010年溫哥華冬奧單板滑雪半管賽的金牌得主，至今已拿到高達新臺幣6億元的贊助金。

○ 來自南韓的短道競速滑冰選手金潤美（Kim Yun-mi），在1994年的挪威利勒哈默爾冬奧，是冠軍得主南韓女子3000米接力隊的一員，那一年她才13歲，至今仍是冬奧史上**最年輕**的金牌得主。

○ 1964年在奧地利茵斯布魯克舉行的冬奧，差一點就因為雪量不夠而取消，還好**奧地利軍方**趕來救援，從附近的高山上載運了多達4萬立方公尺的雪和冰，比賽才得以順利舉行。

○ 1998年的日本長野冬奧，受到延燒全國的**流感疫情**嚴重影響，當時日本國內約有90萬人感染，許多運動員因此而退出比賽。

○ 2014年索契冬奧總計吸引了**12億**的觀眾，他們會親臨現場或透過電視轉播觀看比賽。不過，冬奧過去並沒有這麼受歡迎。1924年的首屆冬奧，國際奧林匹克委員會還自掏腰包，邀請1萬名觀眾前去觀賽。

舵手
舵手負責掌控雪橇的前進方向。

有舵雪橇
由輕金屬製成，最長達3.8公尺。

金屬滑板
裝在雪橇前後，經過特別的打磨，可減少冰上的摩擦力。

下坡

早在滑降賽成為冬奧項目之前，世界各地就有很多人在玩平底雪橇，尤其是在北美洲。早在很久以前，加拿大的原住民就會運用手工製作的平底雪橇，在冰天雪地中運送人和物資。隨後來到加拿大的開墾者，很快學會了使用平底雪橇運輸，甚至賦予它玩樂的新功能！隨著時間的推移，各種競技運動也加了進來，後來更發展出有舵雪橇、無舵雪橇和俯式雪橇等項目。

(◑◐) 少年知識家

運動大百科：
奧運、冬奧、帕奧一次看懂三大賽事

作者｜亞當・斯金納（Adam Skinner）　繪者｜馬克・龍（Mark Long）　譯者｜黃美瑤、葉儀矜、張芳儀
責任編輯｜林欣靜、張玉蓉　特約編輯｜洪翠薇　美術設計｜蕭雅慧　行銷企劃｜劉盈萱、陳詩茵

天下雜誌群創辦人｜殷允芃　董事長兼執行長｜何琦瑜
兒童產品事業群副總經理｜林彥傑　總監｜林欣靜　版權專員｜何晨瑋、黃微真
出版者｜親子天下股份有限公司　地址｜台北市 104 建國北路一段 96 號 4 樓
電話｜（02）2509-2800　傳真｜（02）2509-2462　網址｜www.parenting.com.tw
讀者服務專線｜（02）2662-0332　週一～週五：09:00~17:30
傳真｜（02）2662-6048　客服信箱｜bill@service.cw.com.tw
法律顧問｜台英國際商務法律事務所・羅明通律師
總經銷｜大和圖書有限公司　電話：（02）8990-2588

出版日期｜2020 年 1 月第一版第一次印行
　　　　　2021 年 12 月第一版第二次印行
定價｜690 元　書號｜BKKKC131P　ISBN｜978-957-503-481-8（精裝）

訂購服務 ─────────────
親子天下 Shopping｜shopping.parenting.com.tw
海外・大量訂購｜parenting@service.cw.com.tw
書香花園｜台北市建國北路二段 6 巷 11 號　電話（02）2506-1635
劃撥帳號｜50331356　親子天下股份有限公司

立即購買 >

出版品預行編目資料（CIP）

運動大百科：奧運、冬奧、帕奧一次看懂三大賽事／亞當・斯金納
（Adam Skinner）文；馬克・龍（Mark Long）圖；黃美瑤、葉儀矜、
張芳儀翻譯.--- 第一版.-- 臺北市：親子天下，2020.01
112 面；25.6×31公分.-- （少年知識家）
譯自：Sportopedia : an illustrated introduction to the world of sport
ISBN 978-957-503-481-8（精裝）

1. 運動　2. 通俗作品
528.9　　　　　　　　　　　　　　　　　　108013419

Sportopedia

Copyright © Text by Adam Skinner & Illustrations by 2018 Mark Long

First Published in 2018 by Wide Eyed Editions, an imprint of The Quarto Group.
The Old Brewery, 6 Blundell Street, London N7 9BH, United Kingdom
T (0)20 7700 6700　F (0)20 7700 8066　www.QuartoKnows.com

The right of Mark Long to be identified as the illustrator of this work has been asserted by him in
accordance with the Copyright, Designs and Patents Act,1988 (United Kingdom).

All rights reserved.

Traditional Chinese copyright © 2020 by CommonWealth Education Media and Publishing Co., Ltd.
This Traditional Chinese edition was published by arrangement with Quarto Publishing Plc